グレース・ケリーの言葉

その内なる美しさ

岡部昭子

PHP文庫

○本表紙図柄＝ロゼッタ・ストーン（大英博物館蔵）
○本表紙デザイン＋紋章＝上田晃郷

はじめに

２０１６年、日本とモナコは外交樹立10周年という記念すべき年を迎えました。

今からさかのぼること10年前の２００６年は、グレース・ケリーの公式な展覧会が、世界で初めて日本で開催された年です。

その数年前、当時私が関わっていたモナコ政府観光局に、グレース・ケリーの押し花展の話が持ち込まれました。それにファッションなどの要素を加えた展覧会が、グレース公妃のご子息であり、レニエ公の後を継ぎ国の君主となったアルベール公の承認のもと、日本各地で開催されたのです。この展覧会が開催された年、日本とモナコは正式な外交関係を結びました。

その後グレース・ケリーの展覧会は、２００７年の夏、モナコのグリマルディ・フォーラムで「ザ・グレース・ケリー・イヤー」展として開催されました。２０１０年には、ロンドンのヴィクトリア＆アルバート博物館で、「グレース・ケリー：スタイルアイコン」というタイトルで、ファッションに焦点を当てた展覧会が開催されています。

こうしてグレース公妃がハリウッドに、モナコに、ファッション界に、そして世界に与えた影響が明らかになりました。

2016年には日モナコ外交樹立10周年を記念して、前回よりもファッションによりフォーカスした「グレース・ケリー展――モナコ公妃が魅せる永遠のエレガンス――」が開催されました。

それらのグレース・ケリーの足跡をたどるイベントには、彼女の女優時代を知る世代だけでなく、若い女性まで幅広い世代の人々が足を運んでいます。


グレース・ケリーが嫁いだモナコ公国は、1297年にジェノヴァ出身のグリマルディ家により統治されて700年以上が経ちますが、その間いくつかの存続の危機に直面してきました。

ひとつは1861年のフランコ・モネガスク条約の締結による領土の喪失。モナコの独立と引き換えに、それまで所有していた領土が10分の1以下になってしまいました。時の大公シャルル3世は、国存続のため、フランスで禁じられていたカジノを導入し、それによってモナコは王侯貴族が集う社交の場として甦りました。

その次は第二次世界大戦後の経済危機。実は、この危機を救ったのが他ならぬグレース・ケリーなのです。

25歳にして大公の座に着いたレニエ公は、1955年5月、カンヌ映画祭で南仏を訪れていたハリウッドの大スター、グレース・ケリーと出会いました。翌年、世紀のロイヤルウェディングで、モナコの名は世界中に知られるようになります。以来、観光客も増え、建設王としてのレニエ公の努力の甲斐もあり、モナコには再び繁栄が戻りました。

グレース公妃も、20世紀初頭のベルエポック時代にモナコで華やいだ文化芸術の再興に力を入れ、ハリウッドから友人たちを招き、数々の華やかなパーティを企画し、そして公妃という立場を最大限に利用してチャリティー活動に奔走しました。

1929年11月12日にフィラデルフィアで生まれ、ニューヨーク、ハリウッドで女優として活躍し、1956年4月、26歳でモナコに嫁いだグレース・ケリー。奇しくもその26年後の1982年9月に不慮の事故で52年の一生を終えました。しかしながら彼女は、没後35年が経った今でも世界中の人々を魅了し続けています。

外交樹立後10年たった今、2011年にマガジンハウスから出版された本書を、こうして再び文庫本として出版できましたことを喜ばしく思います。

2010年にこの本のプロジェクトがスタートし、グレースの長男であるアルベール公からの承認をいただいたおかげで、アルベール公ご本人だけでなくハリウッド時代の友人、親族、公妃時代の秘書など多くの方のお話をお伺いすることができました。

グレースが生きていたら80代後半。お話を伺った方の中には、亡くなった方もいらっしゃいます。これが彼女の身近にいた方の最後のインタビューだと思い臨みました。

彼女が女優として、女性として、母親として、公妃としてどのような人生を送ってきたのか？　どのようなメッセージを私たちに残していったのか？　彼女の家族や友人、仕事に関わってきた人たちのお話を伺いながら、彼女が残した軌跡をたどってみました。

さらに、今回は文庫版ということで、前回あまり紹介されなかった「グレースとファッション」についても書き下ろしています。

本書を通して、少しでも多くの方に、エレガントで美しいグレースの本当の姿を感じ取っていただけたら幸いです。

岡部昭子

Palais de Monaco

July 20th, 2011

I would like the Japanese population, through these pages, to discover the magnificent personality of my mother, Princess Grace.

All of the actions that she initiated during her life were marked by her exceptional generosity and by her aesthetic requirements, that she assumed with elegance and righteousness.

2011年7月20日

この本を通じ、日本のみなさまに私の母、グレース公妃の素晴らしい人間性を見いだしていただけますことを願っています。

母がエレガンスと正義感をもって取り組んできた活動からは、彼女の類いまれな寛大さ、美学を見いだすことができます。

モナコ大公　アルベール２世

グレース・ケリーの言葉　目次

第1章　生い立ち・女優　～意志を貫く強さ～

第2章 恋愛・結婚 〜運命を受け入れる柔軟性〜

第3章　母・公妃　～忍耐から学んだ喜び～

第4章　愛・美　～人生から見出した慈しみ～

文庫特別書き下ろし　グレースとファッション

COLUMN

第1章

生い立ち・女優 ～意志を貫く強さ～

CHAPTER1 SES JEUNES ANNÉES & L'ACTRICE

あの子は、すべて自分でやり繰りし
完全に自立していました。
家賃も自分で払っていたし、
父や母は1ペニーだって
仕送りしたことがありませんでした。

ペギー・ケリー（姉）

驚くべき女優だった。
彼女が演技の中で私の話を聞くときは、
真剣に耳を傾けてくれた。
ブッダのように、
すぐそばで聞いてくれるのだ。

ケイリー・グラント（俳優）

グレースは、セクシーで魅惑的である。
冷たい表情の裏側には、
火が燃えたぎっているかのように
思わせるものを持っている。

アルフレッド・ヒッチコック（映画監督）

01

ケリー家では何をするにも
必ず成功しなければいけないの。

目標を定める

1929年11月12日、4人兄妹の次女としてフィラデルフィアの裕福な家庭に生まれたグレースは、生まれたときから病弱で内気な女の子でした。

レンガ専門の建築会社で大成功をなした父親のジャック・ケリーは、アイルランドからの移民2世。オリンピックのボート競技の金メダル勝者で、勤勉と規律、スポーツマンシップを重んじる長身でハンサムな父親でした。

母親はドイツ移民の家系で、その当時珍しく、フィラデルフィア大学で教鞭《きょうべん》をとる厳格な職業婦人でした。家族は敬虔《けいけん》なカトリック信者で、カトリックの教えは、後のグレースの生き方に大きな影響を与えます。

活発な他の兄妹に比べると、グレースは内向的でした。そのため両親も彼女には、将来の成功という面ではあまり期待していなかったようです。

しかしグレースは、両親を崇拝していました。「すべては地道に誠実に努力をしてなし得るべきだ」という父からの教えを、しっかり守っていたのです。

両親からの大きな期待を背負っていたのは、4人兄妹の唯一の男の子、兄のジャックJr.でした。

実際、父が果たせなかった夢、ヘンリー・ロイヤル・レガッタでのダイヤモンド・チャレンジ・スカルのレースで優勝を果たしています。

ヘンリー・ロイヤル・レガッタとは、19世紀初頭からの長い歴史を持つ、イギリスの上流階級の社交イベントでもあるボート競技です。イギリス王室がパトロンとなって、テムズ川を舞台に、世界中のチームにより、熱い戦いが繰り広げられます。

グレースの父は、もともとレンガ職人だったので、上流社会のメンバーとはみなされず、このレースには出場することができませんでした。しかし息子は、ダイヤモンド・チャレンジ・スカルに出場。父親のプライドを、十分に満足させたのです。

一番上の姉、ペギーは聡明で活発な女の子。父の一番のお気に入り。何かの分野で成功するとしたら、それはペギーだと父親は思っていたようです。そして3番目が、父親に何とか認めてもらおうとしたグレース。末っ子のリザンヌはそういう家族関係を客観的に見つめていたようです。

それぞれの家族の思いが絡み合うなか、実際に父親の教えを実践して成功を遂げたのは、グレースでした。忍耐強く、自分の目標に向かって努力をし続けたのです。魅力的で愛する父親に認めてもらえるようにと。

まだあどけなさが残る、12歳のグレース・ケリー。
©Everett Collection/amanaimages

02

私は両親の反対を押し切って
ニューヨークにやってきたの。
自分自身を発見したかったから。

初心を貫く

子どもの頃から舞台女優に憧れていたグレースは、親に反対されながらも演劇の道を目指します。1947年、高等教育を終えたグレースは、単身ニューヨークに渡り、数々の名優を輩出《はいしゅつ》した演劇学校、アメリカン・アカデミー・オブ・ドラマティック・アーツに入学します。

グレースは、友人の紹介でモデルのアルバイトをしながらアカデミーに通い、やがては学費や生活費までも、自分の収入でまかなえるようになります。当時のグレースの夢を理解できた唯一の身内は、伯父のジョージ・ケリーでした。ジョージ・ケリーは、父親のジャック・ケリーの兄でピューリッツァー賞を受賞した劇作家です。

スポーツマンのジャック・ケリーと違い、文学や演劇に興味を持ち、繊細さを理解できる、人間味あるグレースのメンターでもありました。グレースが女優の夢を実現できたのも、彼の陰からの支援によるものが大きかったでしょう。

03

私は「背が高すぎ、痩せすぎ、顎ががっちりしすぎ」、「〜すぎ」だらけな人間です。

欠点を長所にする

１９４９年にアメリカン・アカデミー・オブ・ドラマティック・アーツを卒業したグレースは、ペンシルベニアのバック・カウンティ・プレイハウスの舞台で女優としてデビューを飾ります。

とにかく舞台に上がろうと、グレースは数々のオーディションを受けました。しかし、決して高く評価されたわけではありませんでした。

それでもグレースは、めげずにオーディションに臨みます。舞台には厳しい鍛錬が必要だということをわかっていたし、この鍛錬が人物描写に芸術的な磨きをかけるのに必要だということも、理解していましたから。

当時グレースは、自分の背が高すぎ、痩せすぎ、顎ががっちりしすぎということを、とてもコンプレックスに感じていたようです。

しかし、この「〜すぎる」はモデルとしての資質にはぴったりだったようで、美しくスレンダーな容姿を持つグレースは、戦後の高度成長期を迎え、テレビが一般家庭に普及し始めた１９４０年代のニューヨークで、数多くのテレビコマーシャルに登場していくことになるのです。

04

いつか
ハリウッド史上に残る
ムービースターに
なってみせるわ。

チャンスは待っていてもやってこない

アメリカン・アカデミーを卒業した2年後の1951年の秋、グレースのハリウッドへの道が開けてきました。

スタンリー・クレイマー製作、フレッド・ジンネマン監督の『真昼の決闘』で、ゲイリー・クーパー演じる保安官のウィル・ケインの妻、エミイの役に抜擢されたのです。

その前に『十四時間』という映画に端役《はやく》で初演していますが、『真昼の決闘』では主演の妻の役を獲得したのです。

グレースは、マーロン・ブランドをマネージングしていたイーディス・ヴァン・クリーヴにより、数々の女優としてのチャンスを得ました。

ヴァン・クリーヴは、グレースがアルフレッド・ヒッチコックに見出されることとなる映画『タクシー』（実際にはグレースは、役を獲得するに至りませんでした）のスクリーンテストを受けさせたり、ハリウッドデビューとなる『十四時間』や『真昼の決闘』への出演のきっかけを与えたのです。

次の言葉は『真昼の決闘』のプロデューサー、スタンリー・クレイマーが、初めてグレースに会ったときの印象を語ったもの。

「白い手袋で現れた女優はグレースが初めてだ。まだ人間として成長する前だったのだろう。とても内気な印象だった。平凡に映ることもあったが、角度と光の具合ではスターの輝きを放っていた」

しかしグレース自身としては、『真昼の決闘』に出演したものの、その演技には満足していませんでした。

「ゲイリー・クーパーの表情からは、彼が何を考えているかわかります。私の表情には何も表現されていません。何も感じられないのです。きっと私は大物スターにはならないでしょう」

と、当時のグレースは語っています。

撮影終了後、グレースはニューヨークに戻ると、サンフォード・マイズナーの演技のレッスンに週に数回通い始めます。マイズナーからは、役者が自分自身ではなく役柄のヒストリーや考え方、フィーリングを頭に描くようにと指導されました。この演技に対するひた向きな姿勢が、グレースを成功に導いたのです。

「真昼の決闘」（1952年）。ゲイリー・クーパーとまだ駆け出しのグレース。
©dpa/ 時事通信フォト

05

ジョン・フォード、
クラーク・ゲーブルと一緒に、
アフリカで仕事をしたかったから
MGMと契約したのよ。

妥協せず、意志を貫く

グレースは、女優としての生き方に信念を持っていました。

1952年にMGM（メトロ・ゴールドウィン・メイヤー）と契約をしたときも、2年に1回は、MGM以外の仕事である舞台に出演するため、休みを取る、ニューヨークをベースにするという、2つの条件を出しています。

グレースは、契約女優を拘束しようとするスタジオシステムに納得していなかったのです。

MGMと契約したとき、グレースはすでにモデルとして、十分な収入がありました。本来なら少ない収入で時間を束縛され、出演する作品までコントロールされるようなスタジオと、契約を結ぶ必要はなかったのです。

しかし、契約すれば、『モガンボ』でクラーク・ゲーブルと共演が約束されていました。しかも監督は大物ジョン・フォード、そして舞台はアフリカ。これだけの条件が揃えば、断る理由はありません。

クラーク・ゲーブルとエヴァ・ガードナーら名優と共演したグレースは、『モガンボ』で、1953年のゴールデン・グローブ助演女優賞を受賞、そしてアカデミー助演女優賞にノミネートされました。

06

ヒッチからは、多くのことを学んだわ。
殺人シーンをラブシーンのように、
ラブシーンを殺人シーンのように
演じなさいと。

神秘性を武器にする

グレースの本格的なハリウッド女優としてのキャリアは、アルフレッド・ヒッチコックとの出会いで開花します。

1953年『タクシー』のスクリーンテストを見たサスペンスの神様、ヒッチコックは、グレースをイングリッド・バーグマンに続くミューズとして次の作品『ダイヤルMを廻せ！』に抜擢しました。

1930年代後半に活動の場をイギリスからハリウッドに移したヒッチコックは、このときすでに、世界的に有名な伝説的監督として、地位を獲得していました。

ヒッチコックは、グレース・ケリーを起用したことについて、フランスの名監督フランソワ・トリュフォーのインタビューで次のように語っています。

「映画でのセックスシーンは、サスペンスに満ちていなければいけない。セックスが露骨に表現されると、そこにサスペンスは生まれない。私が洗練されたブロンド女性が好きなのは、控えめな淑女がベッドルームで娼婦のように振る舞うからだ。セックスはあからさまであるべきではない」

これはあくまでも妄想好きのヒッチコックの個人的な意見でありましたが、

彼は「女優に予期せぬ驚きの要素がないと、意味がない」と信じていました。セクシャルエレガンスをグレースに見出したヒッチコック監督は、続けて『裏窓』『泥棒成金』に彼女を起用します。

『泥棒成金』については、

「私はグレースをあえて氷のように冷たい女性として撮影し、横顔を古典的に美しく、そしてよそよそしく見せた。ケイリー・グラントが彼女をホテルの部屋へ送るが、部屋に戻る前に彼女は突然ケイリーにキスをするのだ」

と語っています。

グレースは、イングリッド・バーグマンがハリウッドを去って以来、ヒッチコック監督が思い描いていた理想どおりのブロンドのミューズだったのです。

「グレースは私がずっと探していたとおりの女性だ。セクシーでなく魅惑的である。冷たい表面の内側に秘めた、火が燃えたぎっているかのように思わせるものをスクリーンに投影してくれる」

と、ヒッチコックはグレースの二面性について語っています。

この理想の女優に、ヒッチコックは発声方法や演技の指導をし、グレースの本来の魅力を引き出していったのです。

「グレースの微妙でエレガントなセクシーさに魅力を感じた。変に聞こえるかもしれないが、グレースは、平均的なセクシーな女性よりずっと性を感じさせる。そのうえグレースからは、隠された性的魅力を探し出さなければいけないのだ」

07

私がベッドで何を着ようと、
他人には一切関係ないわ。
内に秘めている何かがないと、
私の人生は、ただの雑誌の
レイアウトの一部になってしまう。
そんなの嫌よ。

自分を知り尽くし、ブランディングする

クールビューティと讃《たた》えられたグレースは、プライバシーをとても大切にしていました。

当時、スタジオにとって俳優たちは、単なる商品にすぎませんでした。俳優たちは、映画に出演することにより一般大衆の関心を集め、時々雑誌や新聞でインタビューを受け、その名声を維持しました。

MGMはグレースが裕福なファミリーの出身であることに目をつけ、1950年代を代表する完璧な女性として彼女を売り出したのです。そして男性だけでなく、女性のファンを獲得するために数多くの女性誌のインタビュー記事に登場させました。

しかし彼女は決して、プライベートについて多くを語りませんでした。そのため、冷たい女性と勘違いされることも多々あったようです。

『裏窓』で共演したジェームズ・ステュアートは、そんなグレースのことを次のように称賛しています。

「グレースのすべてが魅力的でした。彼女の目は温かく、彼女とラブシーンを演ずれば、彼女が冷たい女性だとは思わないでしょう」

08

ハリウッドは偽りだらけ。
自分を見失った
傷ついた男女が集まるところ。
外からは魅力的に見えるけど、
実際は違うの。

自分を見失わない

ニューヨークで演技を学び、舞台女優を目指したグレースは、女優としての成功を収めたあとも、その地を離れることはありませんでした。

ハリウッドでは、妹のリザンヌが付添人となって一緒にホテル暮らしをしたり、女優仲間のリタ・ガムとアパートをシェアしたりと、決してハリウッドに家を構えることはありませんでした。

彼女の最終目標は舞台女優です。ハリウッドは単なる回り道にすぎず、それもあってか、この街にはまったく愛着を持っていなかったようです。

MGMとの7年にわたる契約で、実際にMGM製作の映画に出演したのはたったの4本だけ。それ以外の仕事については、グレースをワーナーやパラマウント映画へ貸し出すという形でMGMは収益を得ていたのです。そんな仕事のあり方も、彼女の心を曇らせる一因だったのかもしれません。

グレースが、ハリウッドを嫌っていたことを表す言葉が、他にもあります。車の運転が苦手だった彼女が、あるとき次のように言っていました。

「私はニューヨークの方が好き。時に雨も降りますが、途中で警察に止められたり、車を使わないからといって危険な目に遭うことはありませんから」

09

『喝采』のオファーを受けたとき、
この仕事は受けるべきだと
直感的に思いました。
とても強い役柄だったから。
だから私は懸命に演技したのです。

直感を大事にする

『喝采』への出演依頼は、グレースにとって魅力的なオファーでした。今まで演じたことのない役柄だったのです。

この映画は、もともとブロードウェイで上演されていた演目。それを映画化するという、パラマウントの作品でした。

しかしグレースの前に、問題が立ちはだかります。それはMGMとの7年契約でした。

MGMは自社の作品、『緑の火・エメラルド』にグレースを起用しようとしました。アフリカを舞台にした『モガンボ』に出演したグレースを、次は南米、コロンビアを舞台にした映画に出演させようという思惑があったのでしょう。

そのためパラマウント映画が、グレースに『喝采』に出演してほしいと要請してきたにもかかわらず、MGMはそれを断ったのです。

それを知ったグレースは、驚愕しました。

そして『喝采』出演の話を持ちかけてきたエージェントに、「MGMのエグゼクティブたちにニューヨークの住所を知らせて」と伝えました。クリスマスカードはこちらに送るように、と。

これは二度とハリウッドへは戻らないという、グレースのMGMに対する脅迫でした。『喝采』への出演のチャンスを奪おうというスタジオの仕打ちに絶望したグレースには、ハリウッドを永遠に去る決心ができていたのです。

しかし、もしMGMが彼女との契約を打ち切れば、グレースは、二度とハリウッドに戻ってこれなかったでしょう。ヒッチコック監督映画の公開を2本控えていたグレースにとって、これは致命的なできごとでもありました。

こんなMGMとの駆け引きが功を奏したのか、1954年1月29日、MGMはグレースをパラマウント映画に貸し出すことに同意したのです。

パラマウントがMGMに支払った金額は、5万ドルでした。それも『喝采』の撮影が終わったあと、すぐに『緑の火・エメラルド』の撮影に向かうという条件付きで。

「私は（他の映画では）いつも美しい衣装をまとっていました。撮影シーンもドラマティックでカラフルでした。『喝采』はまったく違うタイプの映画です」

と、後にグレースは語っています。『喝采』の主役、ジョージーの役柄は、アルコール中毒の夫を持つ、疲れきった不幸せな妻。それを24歳で独身のグレースは、見事に演じ上げました。

まだ24歳のグレースでしたが、自分の意志を貫くために、当時巨大な権力を持っていたスタジオを相手にし、『喝采』の役を勝ち取りました。MGMとの確執が広がる一方で、『喝采』のヒットでグレースの人気はうなぎ上り。このあとに控えていたヒッチコック監督による『泥棒成金』では、パラマウント映画は、MGMに対して貸し出し料として8万ドルを支払っています。

１０

自分がどこへ行こうとしているのか、
考える時間もなかったの。

疲れたら、立ち止まって人生を振り返る

1954年8月、南仏での『泥棒成金』の撮影を終え、疲れきったグレースは、MGMから次の映画のオファーを受けることもなく、ハリウッドでの生活に絶望感を覚えていました。この1年の間に、グレースは休みなく6つの映画の撮影をこなしました。しかしその暮らしは、グレースにとって孤独なものだったので、彼女は女優としてのキャリアにピリオドを打つ決意をしたのです。

リタと暮らしたウェスト・ハリウッドのアパートを引き上げ、1955年2月にマンハッタンの大きなアパートへ引っ越しました。これからの人生をニューヨークで送ろうと考えていたのです。

アメリカで1950年代、女性がキャリアを持つということは、そんなに珍しくはなかったかもしれません。しかし当時の女性の平均初婚年齢は20・3歳。ハリウッドで一躍スターダムにのし上がったグレースですが、気が付いたら周りの友人は、結婚して幸せに暮らしていました。

このままハリウッドにいたら自分を見失ってしまうと思ったに違いありません。地に足がついたグレースだったからこそ、ふと我に返って今後の一生を考えたのでしょう。このあと、新しい人生が開けていくとは知ることもなく。

11

オスカーを受賞した日、
それは私の人生の中で、
一番寂しい時間でした。

仕事の成功とプライベートの幸せは別

ニューヨークに引っ越してすぐ、グレースのもとに映画芸術アカデミーから朗報が届きます。『喝采』で、1954年の主演女優賞にノミネートされたという知らせです。

一方でグレースは、MGMとの関係で、窮地に陥っていました。彼女にふさわしくない役のオファーを断っているうちに、MGMはグレースに契約停止の宣告をしてきたのです。

ぎくしゃくとした関係が続くなか、また新たな問題が、アカデミー賞授賞式出演の準備の時に起こりました。

契約停止を宣告されたとはいえ、まだMGMとの契約は残っています。グレースは、アカデミー賞授賞式に着るドレスの相談をしに、MGMへ足を運びました。しかし『喝采』がパラマウント製作の映画だという理由で、MGMからの協力を断られたのです。

ヒッチコックの作品で一緒に仕事をした、パラマウントの専属デザイナー、イーディス・ヘッドが、グレースのために忙しいスケジュールの合間を縫って、オスカー用のドレスを用意。グレースはこの難局を、何とか乗り越えました。

そして1955年3月30日、グレースにとって記念すべき日がやってきました。

アカデミー賞授賞式で、共演したウィリアム・ホールデンが主演女優賞の発表をしました。

「主演女優賞は、『喝采』のグレース・ケリー」

壇上にあがったグレースは、こうスピーチしています。

「嬉しくって、この喜びを何て言葉に表したら良いかわかりません。この受賞を可能にしてくださった皆様に、心から感謝を述べたいと思います」

女優としてデビューしてたった6年。スタジオとの確執を乗り越えて、みごとアカデミー賞を勝ち取りました。

しかし受賞後、宿泊先のホテルの部屋へ戻ったグレースは、たった一人っきり。

実際のところ彼女にとってオスカー受賞は、人生のなかでそれほど幸せな思い出ではなかったようです。後に彼女はこのように語っています。

「私は幸せではなかったの。名声はありました。でもそれを一緒に分かち合う人がいないと、あまりにも空虚に感じるでしょ」

1955年3月30日、女優デビューしてからたったの6年で、『喝采』でアカデミー賞主演女優賞を獲得。
©Everett Collection/amanaimages

COLUMN 01 — MESSAGE FOR PRINCESS DIANA

ダイアナ妃へ送った言葉

”あなた心配しないで。
これからもっと
悪くなるだけだから。“

これから来るであろう、大変な状況を前に、「心配しなくてもいい。もっと悪くなるだけ」と達観し、あっけらかんと言ってのけるこの言葉。

これはイギリスのダイアナ妃に向けられた言葉です。

グレース・ケリーと並んで、美とエレガンスを象徴するプリンセス、世紀の結婚式と謳《うた》われたダイアナ妃。二人とも不慮の事故で短い一生を終えています。

1981年3月、グレース公妃がロンドン、ゴールドスミスホールでの詩の朗読会に出席したときの主賓は、婚約したばかりのチャールズ皇太子でした。

19歳の婚約者ダイアナは、婚約発表後初めて公式の場に登場したのです。黒のストラップレスの胸元が大きく開いたイブニングドレスを着ていたダイアナは、パパラッツィの注目の的でした。

予定したドレスが届かず、サイズが小さく胸が露出するドレスを着ざるを得なかったのです。

イベントの後、バッキンガム宮殿で開催されたレセプションで、ダイアナの落ち込んでいる姿に気が付いたグレース公妃は、ダイアナと友人を化粧室に誘いました。

そうすると鏡の前でメークを直しているダイアナは、プライバシーのないこれからの不安を恐れ突然泣き出したのです。

女優であったグレース公妃は、セレブリティであることを利用する心得を身につけていました。そして打ちひしがれたダイアナに向かって、この言葉を言ったのです。

その後、グレース公妃は1981年7月のダイアナの結婚式に出席します。ダイアナの希望により、今でも語り継がれるロイヤルファミリーのパレードの先頭は、グレース公妃のロールスロイスでした。

その後をオランダのベアトリクス女王、デンマークのマルグレーテ女王、スウェーデンのカール・グスタフ国王、ノルウェーのオーラヴ国王、ベルギーのボードワン国王、ルクセンブルクのジャン大公、リヒテンシュタインのフランツ・ヨーゼフ公らが続きました。

グレース公妃とレニエ公から、チャールズ皇太子、ダイアナ妃に贈られたギフトは、シルバーのフォトフレーム。

ちなみにサウジアラビアの国王は、ダイアナ妃に大きなダイヤモンドとサファイアの時計、ブレスレット、ペンダント、指輪、イアリングのセット、チャールズ皇太子には、宝石が埋め込まれた電話帳を贈っています。

デンマークのマルグレーテ女王はキャンバス地のガーデンチェアのセットだったとか。

1982年9月のグレース公妃の葬儀には、エリザベス女王の代理としてダイアナ妃が出席しています。結婚後、初めて一人で訪れた海外でした。1年半前、ゴールドスミスホールで出会い、優しく声をかけてくれたグレース公妃。ダイアナ妃はどんな気持ちで葬儀に出席したのでしょう。チャールズ皇太子と結婚し、まだ1年数ヶ月。その後どんな苦難が待ち構えているかは、予想もつかなかったことでしょう。

その後、二人の王子をもうけ、英国のプリンセスとして国民の人気を博し、グレース公妃のようにファッションアイコンとして世界中から注目を集めたダイアナ妃。様々な困難を乗り越えてきたグレース公妃とは立場や状況が違っていたのか、1996年にチャールズ皇太子と離婚。

その翌年8月30日、ダイアナ妃は、当時交際していたエジプトの富豪、モハメド・アルファイドの息子、ドディ・アルファイドと共にこの世を去ります。

グレース公妃の死後15年。奇遇にも、グレース公妃と同じ車の事故で命を落とすという、非業の死を遂げました。

プリンスと映画スター。
それは真のファンタジーだ。
アリストテレス・ソクラテス・オナシス
（実業家）

あなたはかつて
スクリーンの女王だった。
そして最も美しい
プリンセスとなった。
ジョン・F・ケネディ
（元アメリカ大統領）

グレースのような女性に
恋をしてしまったら、
結婚を夢見るのは当然でしょう。
ジャン＝ピエール・オーモン（俳優）

両親は、結婚式のことを
いやがっていました。
何年も写真を見ていなかったわ。
まるで暴動のようで、
あまりにも多くの人が
やってきたから。
家族だけで
式を挙げたかったようです。

カロリーヌ公女（娘）

第2章

恋愛・結婚

～運命を受け入れる柔軟性～

CHAPTER2 SON AMOUR DE LA VIE & LE MARIAGE

12

独身のとき、
私は他の女性から
脅威と恐れられていました。

終わった恋に執着しない

グレースはいつも、自分の父親くらいの年齢の男性と恋に落ち、なかには既婚者もいました。自分を認めてくれない、偉大な父親を持ったグレースが、年上の男性と付き合うのは、必然的だったのでしょう。

『真昼の決闘』ではゲイリー・クーパー、次の『モガンボ』では、28歳年上のクラーク・ゲーブルと、またヒッチコックの映画では、レイ・ミランドにジェームズ・ステュアート、そしてケイリー・グラントなど、大物俳優と共演。そして『トコリの橋』と『喝采』ではウィリアム・ホールデン、『白鳥』ではアレック・ギネスと仕事をしてきました。

妹のリザンヌは、語っています。

「一緒に共演する男優たちは、次々と姉の虜になっていきました」

ふだんは節度のある女性を演じているグレースも、時にはめを外してスキャンダルをまき散らすこともありました。

しかも両親からは反対を受けながらも、何度も同じことを繰り返す。でも美しい男女が、スタジオで何週間も夫婦を演じていれば、恋に落ちるのは決して不思議なことではないですよね。

13

私を愛しているなら、
追いかけてきて。

引き際が大切

独身のグレースは、多くの共演者たちと浮き名を流しましたが、そのなかには結婚を真剣に考えた相手も何人かいました。

そのひとりがファッションデザイナーのオレッグ・カッシーニです。

グレースがオレッグ・カッシーニに初めて出会ったとき、彼はすでにニューヨークで有名なファッションデザイナーとして活躍していました。ちょうどハリウッド女優のジーン・ティアニーとの、2回目の結婚に破局を迎えたばかりでした。

グレースよりも16歳年上の彼は、フィレンツェでアートを学んだあと、パリのアトリエでキャリアをスタートし、後にハリウッドでコスチュームデザイナーの仕事を始めます。

1953年、グレースは当時付き合っていたフランス人俳優、ジャン＝ピエール・オーモンとのディナーの席で、オレッグ・カッシーニと出会います。

その後オレッグはグレースのハートを射止めるために、ありとあらゆる手段で彼女を誘いにかかりました。

当初二人の関係はプラトニックでしたが、やがてオレッグも真剣に攻撃を始めます。１９５３年11月12日、24歳の誕生日にグレースのもとに電報を送ります。

「11月12日、地球は僕のために甦り、世界で一番素敵なものを創造した。それは君。愛しているよ、僕の愛《いと》しい人。今晩電話するよ」

１９５４年５月24日、グレースは『緑の火・エメラルド』の撮影を終え、次の仕事である、ヒッチコック監督の『泥棒成金』の撮影現場、南仏へと向かいました。

そのときついに彼女は、オレッグにポストカードを送ります。

「私を愛する人は私を追う（私を愛しているなら、追いかけてきて）」と。

グレースとオレッグは、カンヌでの撮影の合間、南仏の輝く太陽のもとロマンティックな時を過ごしました。

後にオレッグは、このときのことを次のように語っています。

「私の人生のなかでも本当に素晴らしい、うっとりするような日々だった」

１９５４年、グレースは『泥棒成金』の撮影後、ＭＧＭとの確執もあり、窮地に立っていたのでしょう。彼女は次の人生の可能性を模索し、真剣に結婚を考えました。

このときグレースは、オレッグに手紙を送っています。

「私は人生で初めて、大人として結婚を真剣に考えるようになりました。去年6本もの映画の仕事をし、精神的にも肉体的にも疲れきっていて、そこから早く抜け出したいのです。あなたを愛する気持ちは増すばかりです。あなたも同じ気持ちだと良いのだけど。あなたの妻になりたいグレースより」

もしかしたらグレースは、オレッグとの結婚よりも、ハリウッドの虚構の世界から抜け出すことに必死だったのかもしれませんね。

すでにハリウッドスターとして頂点にいたグレースですから、オレッグとの真剣な交際を続けている間も、さまざまな男性からの誘惑があったことでしょう。

嫉妬深いオレッグにはそれが耐えられないときもありました。また、2回もつらい離婚経験を持つオレッグにとって、結婚を決断するのは容易なことではなかったようです。

グレースの気持ちとはうらはらに、やがて二人の関係は終止符を打つことになります。

14

あの庭園は誰のものなの？

偶然は必然

1954年春から夏にかけて撮影されたロマンティックミステリー『泥棒成金』は、グレースの半生を予測するかのような映画です。

撮影現場は南フランスのカンヌ。ヒッチコックにとって南仏は初めてのロケーションでした。

アメリカ人の裕福な娘、フランセスを演じるのがグレース・ケリー。ケイリー・グラント演ずる宝石泥棒で名を馳せたジョンは南仏で引退生活を送っています。お互いに惹かれ合う二人。この映画のワンシーンで二人が見下ろす先に、海に向かってカジノが建つ美しい国、モナコ公国がありました。

「あの庭園は誰のものなの？」

という言葉は、映画の撮影中に、グレースが脚本家のマイケル・ヘイズにした質問です。

マイケルは次のように答えました。

「グリマルディ家のプリンスのものですよ」

この撮影の2年後の春、グレースがこの小さなおとぎの国、モナコに嫁ぐとは誰も思ってもいませんでした。

15

私がプリンスに会うかどうか、
そんなことは
たいして重要ではないわ。

人生にはいつなにが起こるか分からない

1955年3月、『喝采』でアカデミー主演女優賞を勝ち取ったグレースは、その年5月に開催されるカンヌ映画祭に、ハリウッド代表団の一員として出席することになりました。

『パリマッチ』誌のエディター、ピエール・ガラントは、「ハリウッドの女王、モナコのプリンスに会う」という特集を考えていました。

パリからカンヌへ向かうブルートレインでグレースと同乗したピエールは、地中海の海岸線を走る列車の中でこのアイディアを提案したのです。

しかしグレースは、カンヌ滞在中にとても忙しいスケジュールをこなさなければいけませんでした。

モナコのレニエ公についても、このように急な撮影の依頼を許可してくれるかどうかわかりません。

それ以前にグレースは、プリンスとの出会いにあまり興味を示していませんでした。

ガラントがモナコ公室に取材のアポイントを入れた翌日、宮殿から奇跡的にもあっさりと「5月6日の4時、レニエ公はミス・ケリーを喜んでお迎えします」という返事がきたのです。

グレースは、しかたなくモナコ宮殿での撮影を引き受けました。

約束の当日、時間どおりにモナコの宮殿に到着したグレース。

一方、レニエ公はこの日モナコ近隣で昼食会に出席し、予定の1時間遅れで宮殿に戻ってきたのです。決して悪びれることなくやってきたレニエ公でしたが、彼は意外にもイギリス英語を操る紳士。グレースはそんなに悪い印象を持たなかったようです。

二人は『パリマッチ』の撮影のために、宮殿内の庭園や動物園を散策。グレースは、30分後には宮殿からレセプションを予定しているカンヌへ向かっていました。

グレースは後にレニエ公との出会いを次のように語っています。

「彼はとてもチャーミングな方だったわ」

人生には、何が待ち構えているかわかりませんね。

1955年5月6日、雑誌の取材で出会ったグレースとレニエ公は、またたく間に恋に落ちる。写真は婚約を発表したときの二人。
©ZUMA Press/amanaimages

16

ミスター・ケリーと
呼ばれるような男性とは
結婚したくありませんでした。

理想は高く

すでに大女優としての地位を獲得していたグレースは、1955年1月31日、ついに『タイム』誌の表紙を飾りました。

「ハリウッドのプロデューサーやディレクター、脚本家たちが争って25歳のグレースを起用したがっている。一番ホットな女優だ」と評されています。

グレースはこんな人気絶頂期のときに、モナコのプリンス、レニエ公と出会ったのです。

それまでの彼女は、ひとまわり以上年上の俳優や、ファッションデザイナーと付き合ってきました。しかしことごとく両親からの反対を受けたように、理想の条件を満たした相手はいませんでした。

レニエ公は30歳を過ぎていましたが、一度も結婚したことがありませんでした。しかも小国とはいえ、モナコ公国という独立国の元首です。

当時のグレースにとって、結婚相手は、一緒にレストランに行ったときに、「ミスター・ケリー」と呼ばれてしまうような男性では物足りませんでした。そして彼女よりも強い個性を持った男性が必要でした。そういう意味でもレニエ公は、彼女の結婚相手として、完璧な相手だったのです。

17

この上ない素晴らしい人を
好きになってしまったの。
私ね、モナコのプリンスと
結婚するのよ。

目の前のチャンスをつかみ取る

カンヌ映画祭のときに、レニエ公とほんのひと時の会話を交わしたグレースは、その後、彼と文通を続けていました。

グレースはとても筆まめで、礼儀をわきまえた女性だったので、宮殿を訪れたあと、レニエ公に礼状を出しました。それに対してレニエも返事を書き続けたのです。

オスカーを受賞し、女優としての頂点に達していたグレースにとって、次の目標は、結婚をして幸せな家庭を築くことだったのでしょう。

1955年の夏、グレースは次の映画、『白鳥』の撮影に入りました。この作品でグレースは、あるヨーロッパの国の恋に悩む、若きプリンセス、アレクサンドラの役を演じました。

撮影は、19世紀後半にノースカロライナ州に建てられたアメリカの大富豪、ヴァンダービルト家の邸宅。

このとき、文通によってグレースとレニエ公の間で愛が育まれていたなど、誰が想像したことでしょう。

『白鳥』の撮影の間、一人自分の置かれている立場を、役のアレクサンドラのそれに重ね、将来の自分のことを見つめていたのかもしれません。

この年、レニエ公はインタビューで次のように語っています。

「私は結婚して家庭を築かなければいけません。単なる都合のいい愛のない結婚はしたくありません。私の人生は公のものであり、規制もあります。多くの儀式にも出席しなければいけませんし、宮殿のしきたりはとても厳しいものです。国民には、独身でいることが政治的にどのような意味をなすのかをよく理解していると言っています」

このとき、彼の結婚への気持ちはすでに定まっていたのです。

『白鳥』の撮影が終わった1955年の12月、ケリー家恒例のクリスマスパーティにレニエ公が出席することとなりました。

レニエ公にとっての初のアメリカ旅行で、メディカルチェックを受けたあと、ケリー家を訪れるというのです。

文通を続けていた二人ですが、レニエ公としては、グレースと結婚するためには、直接アメリカまでやってきてプロポーズをしなければいけないと思っていたようです。

クリスマスをケリー家で過ごした二人は、27日、マンハッタンのグレースのアパートへ移りました。その翌日、レニエ公はアパートでグレースにプロポーズしたのです。

このとき、グレースの気持ちも固まっていました。

今まで何度も両親に反対され、結婚を諦めたグレースでしたが、今回は違っていました。親しい友人たちには、ちゃんと自分で婚約の決意を伝えようと考えたのです。

翌日、彼女のエージェントをしていた、ジェイ・カンターの妻、ジュディスをランチに招き、婚約したことを明かしたのでした。

ここで紹介しているのは、そのときのグレースの告白の言葉です。ついにミスター・ケリーに留まらない、彼女のあらゆる問題を解決してくれる理想の男性を射止めたのでした。

18

私とレニエには多くの共通点が
ありました。
一番の共通点は二人とも
今の人生に不満だったということです。

尊敬出来るパートナーを見つける

レニエ公とグレースは、生い立ちは違うとはいえ、多くの共通点があることに気がつきました。

二人ともセレブリティとしてメディアの注目を集め、あまり心地よくない思いをしていたのです。また二人とも敬虔《けいけん》なカトリック信者で、信仰が人生の核をなしていました。

レニエ公はヨーロッパの洗練されたスタイルとユーモアのセンスを持ち合わせた男性。グレースも美とエレガンスを兼ね備え、そしてユーモアに富んだ女性でした。何よりも、二人は幸せな家庭を作ることを願っていました。

グレースは、子どもの頃は内気で、とても厳格な両親のもとに育ちました。一方、レニエの子ども時代は不幸なものでした。

モナコ公国は、1297年、ジェノヴァ出身のフランソワ・グリマルディがモナコの砦《とりで》を攻め取り、それ以来グリマルディ家が統治するようになったことから誕生した国。

レニエ公の母親、シャルロット公妃は、当時の君主、ルイ2世の庶子でした。ルイ2世に後継者がいなかったため、レニエの母親は20歳を過ぎてからモナコのプリンセスとして引き取られたのです。

その後、政略結婚をさせられ、レニエとその姉、アントワネットの二人の子どもを授かりましたが、レニエが幼い頃、二人は離婚しています。

レニエ公は両親の愛を受けることができず、不幸で孤独な幼少時代を過ごしました。

モナコは小国ながら、19世紀の半ばに、にわかに繁栄しだしました。

当時国土がフランスに併合され、従来の10分の1以下となったものの、君主であったシャルル3世が、フランスで禁止されていたカジノを導入することにより、モナコを王侯貴族が集う社交の場として甦らせたのです。

また次の大公、アルベール1世の時代には、モナコでバレエなどの芸術の華を咲かせ、ベルエポックの時代を享受しました。

しかし、レニエがグレースと出会った頃のモナコは、戦後の経済難でカジノからの収入も落ち込み、海運王、オナシスが幅を利かせ、モナコの乗っ取りを企んでいたのです。

サマーセット・モームは、当時のモナコの中心地、モンテカルロを「いかがわしい人のために陽が当たる場所」と呼びました。レニエは、自国のためにもそうしたイメージを払拭《ふっしょく》しなければいけないと考えていたのです。

また、1918年にモナコがフランスと結んだ条約により、レニエに後継者がいない場合には、モナコはフランスに併合される恐れもありました。

そのためにレニエは、結婚をして子どもをつくる必要があったのです。そういう意味でもグレースは、レニエにとって完璧なお妃候補だったのです。

そんな背景のなか、レニエとグレースの間には、すでに結婚の心づもりが整っていました。

後にグレースは次のように語っています。

「いいタイミングで、ぴったりの人と出会えるかどうかは、重要な問題です。私はすでに、重要な決意をする準備ができていました。ちょっとした冒険でもありました。というのも、女性がある程度の成功を果たし、有名になると、結婚することで自己を失わず、尊敬できる男性を見つけるのは大変なことだからです」

19

ニューヨークを発つ日、
船は霧に包まれていました。
まるでどこか知らないところに
旅立って行くかのようで、
不安でいっぱいでした。

初めての出来事には不安がつきもの

3月に『上流社会』の撮影を終えたグレースは、1956年4月4日、ついにアメリカを発ちモナコへ向かいます。出発前の記者会見でグレースは、平静を装って、笑顔で記者たちの質問に答えました。

「とっても幸せですが、同時にアメリカを離れるのは寂しいことです。時々戻ってくることができると良いのですが」

その日は雨が降り、マンハッタンは霧に包まれていました。レニエに出会ったのがちょうど1年前。そして出会った年の12月にプロポーズを受けました。

その後は独身最後の映画の撮影で多忙を極めていたため、わずか1カ月の結婚の準備のあと、ようやくモナコ行きの船に乗ったのです。

それまでにモナコを訪れたのは、『泥棒成金』の撮影で立ち寄ったのと、レニエと初めて出会った『パリマッチ』の写真撮影のときのたったの2回。

レニエの父親、ポリニャック公とは会ったことがあるものの、義理の母となるシャルロット公妃とは一度も顔を合わせたことがありません。

これからモナコでどんな人生が繰り広げられるのか。彼女を待ち構えているこれからの人生は、その日のマンハッタンのように霧に包まれていました。

20

本当は、どこか山奥の小さなチャペルで
結婚式を挙げたかったのです。

幸せは心が平静でないと感じられない

グレースを乗せたコンスティチューション号は、1956年4月12日の朝、灰色の雲がたちこめたモナコのヘルキュール港に到着しました。

モナコ沖でグレースを出迎えたレニエ公の船、デオ・ジュヴァンテII号に乗り換えたグレースは、数カ月ぶりにレニエと再会します。

グレースとレニエを乗せた船は、港に向かって進んでいきます。21の大砲が撃たれ、空からはオナシスのギフトとして、飛行艇から数千もの赤白のカーネーションが放たれ、二人を祝福しました。

グレースが入港した瞬間、曇っていたモナコの空に、光が射し込んだといわれています。港では何万人ものモナコ人とジャーナリスト、そして観光客がグレースの到着を待ち構えていました。

これからが「世紀の結婚式」の本番です。この結婚式の模様は、9カ国、3000万以上の世界中の人たちに向け放映されました。

グレースは結婚式の準備やパーティで、多忙な毎日を送りました。一方スクープを狙うモナコに集まったメディアは混乱を来たし、グレースたちを翻弄《ほんろう》します。

グレースは、この「世紀の結婚式」を「世紀のカーニバル」と呼びました。グリマルディ家のメンバーとも一緒に時間を過ごしましたが、それは決して心地よいものではありませんでした。自国のアメリカのように、ケリー家の計らいで、すべてがうまくいくわけではありません。グレースは、このヨーロッパの小国に一生を捧げることに一抹の不安を感じたようです。

4月18日の朝、宮殿内の玉座の間にて、モナコの高官、25カ国の代表、親戚、6名のブライドメイドを含む友人ら100名のゲストが招かれ、法律上の結婚式が執り行われました。

グレースは、ピンクがかったベージュのレースの襟付きスーツで小さなバラのブーケを手にし、エレガントな出で立ちで会場に現れました。式は多くの立会人と一緒に、荘厳な雰囲気のもと進められました。

式のあと、コンダミーヌ地区での昼食会、それに続いて宮殿の中庭で3000人のモナコ人を招いたレセプションが開かれました。彼女はモナコのプリンセスとして、国民たち一人一人と握手を交わしたのでした。

この日の夜はオペラハウスのサル・ガルニエでガラディナーが開催され、バレエのパフォーマンスが披露されました。

翌日の4月19日、600名のゲストが、ロマネスク様式の1875年に建てられたモナコ大聖堂に集まり、カトリックの宗教上の儀式が執り行われました。グレースは、MGMの専属デザイナー、ヘレン・ローズがこの日のためにデザインした、ベルギー製レースで作られたウェディングドレスをまとい、真珠の十字を縫い付けたレースのカバーを付けた聖書と、スズランのブーケを手に、父親のエスコートで大聖堂に現れました。

儀式が終わると、モナコの聖人、サント・デヴォウトを祭ったサント・デヴォウト教会にブーケを捧げ、600人のゲストを迎えてのレセプションが開催される宮殿へ。

それが終わって、やっと二人だけの時間を過ごすことのできるハネムーンに向けて、デオ・ジュヴァンテII号に乗り、地中海の海へと旅立っていきました。

しかしこの「世紀のカーニバル」は、グレースが望んでいたものではありませんでした。

あまりにもいろんなことが起こった結婚式。彼女にとって愛するレニエとの愛を誓うのに、こんな大げさなイベントは必要なかったのです。

21

私の人生は「おとぎ話のようだ」と
よく言われるけれど、
それじたいが「おとぎ話」だわ。

郷に入れば郷にしたがう

レニエ公とは愛し合っていたとはいえ、結婚するまでお互いをよく理解できるほど、十分な時間を一緒に過ごしてはいませんでした。

モナコの公用語であるフランス語も、アメリカで学生時代勉強したとはいえ、宮殿のスタッフと十分コミュニケーションをはかれるほどのものではありません。お付きの者が一緒でないと、自由に出かけることができませんし、宮殿でのしきたりは、彼女にとって慣れないことばかりでした。

アメリカとは違って、モナコには本音を話すことのできる友人もおらず、モナコの生活に慣れるまでは、寂しい生活を送っていたようです。

モナコ人にとっても、ハリウッド女優が突然モナコの公妃となったことを、すぐに受け入れることはできなかったでしょう。

「アメリカのメディアは、グレースの結婚を「おとぎ話」として取り上げ続けました。

しかし実際の彼女の生活は、皆が想像するような、おとぎ話にありがちなものではなかったようです。

22

結婚当初、私は完全に
自己を見失っていました。
本当は新しい生活の中で
新たな自分自身を見出す
努力をすべきだったのに。

相手を尊重し思いやる

グレース公妃は独身時代、一人暮らしをし、女優業が生活の中心となっていました。しかし結婚後は、すべてがレニエ公中心にまわり始めたのです。

グレース公妃の関心は、演劇や映画、オペラといった芸術方面にありました。レニエが夢中になっているカーレースや、考古学や動物学にはまったく興味を持てませんでした。

アメリカではスターとして扱われていたグレース公妃。しかしモナコでは、彼女の上に君主であり、夫であるレニエ公が君臨していました。

国の君主となるべくヨーロッパで教育を受けたレニエ公です。モナコでは、彼が言うことが絶対でした。そのうえ地中海気質のレニエ公は、感情的な面がありました。貴族出身でないグレースにとって、グリマルディ家のファミリーとうまくやっていくことも大変だったようです。グレース公妃は、後に『ヴォーグ』のインタビューで次のように語っています。

「もちろんどの結婚にも嵐のような時期があります。もしそうでなくても、一歩引いて間違っていると認めることが必要なときがあります」

また、他のインタビューでは、このようなことも言っています。

「私たちはともに、カトリックを信仰していました。それが二人を結びつけている強い絆となっていたのです。結婚することが、人生の最終目標ではないのです。うまくいくために努力しなければいけません」

両親が離婚し、孤独な子ども時代を過ごしたレニエ公にとって、幸せな結婚というものがどういうものなのかわからなかったのでしょう。

結婚当初、グレース公妃がずっとふさぎ込んでいた時期がありました。レニエ公には、自分の感情をあからさまにしてまでも悲しんでいる公妃の気持ちが、理解できませんでした。

しかしあるとき、レニエ公は、グレースが幼い頃から親しんでいたケリー家の黒人のドライバーに突然電話をし、懐かしい彼の声を聞かせて、公妃を大喜びさせています。故郷アメリカの空気を感じさせれば、グレース公妃の悲しみも少しは癒えるのではないかという、思いやりからでしょうか。

後にグレースは、このように語っています。

「結婚は人生の象徴のようなものです。『私、大人になったわ』と言えるようになることは決してありません。なぜかって人間は、常に成長しているから」

さまざまな問題をグレース公妃は、愛をもって乗り越えていきました。

結婚式当日のモナコ公レニエ公とグレース王妃。
©AFP＝時事

マリア・カラスへ送った言葉

”自分なりの人生を
生きてちょうだい。
あなたは素晴らしい人だから。“

海運王アリストテレス・オナシスは、レニエ公のビジネスパートナーでもあり、宿敵でもありました。

1950年代初頭、モナコのカジノの営業権を取得し、モナコにオフィスを構えていたオナシスは、モナコに富をもたらすであろうレニエ公のグレースとの結婚を喜んでいました。

しかし1960年代半ばにはレニエ公とのビジネスに対する考え方の違いにより、モナコを去ります。

世紀のオペラ歌手、マリア・カラスがオナシスと出会ったのは、1957年の9月。出会いの場所は、世界中のセレブリティと交流のあるゴシップ・コラムニスト、エルザ・マックスウェルに招待されたベニスでのパーティでした。

その2年後の夏、オナシスから、自分が所有するメガヨット、クリスティーナ号でのバカンスの旅に誘われます。

当時、マリアにもオナシスにも配偶者がいました。お互いに妻や夫を連れ添った旅でしたが、その旅の間に二人の関係はより親密になるのです。

しかし二人の関係は、愛人以上のものとなることはありませんでした。

1962年5月、生前ジョン・F・ケネディの45歳の誕生日のパーティで、マリアはカルメンを歌うという機会を得ます。オナシスとともにアメリカ大統領ケネディ家との繋がりを得たことを、大変喜びました。

そのときのマリアは、オナシスが後に未亡人となるジャクリーン・ケネディと、親密な関係になるとは思いもしなかったことでしょう。向上心の強いオナシスは、自分の欲望を満たすため、元アメリカ大統領夫人、ジャクリーンを自分のものとしようとします。

その後、ジャクリーンは、夫に先立たれ未亡人に。マリアからオナシスの愛人の座を奪います。しかも残された二人の子どもと自分の生活安定のために、1968年にオナシスと結婚をしたのです。

この言葉は、マリアがオナシスに出会った13年後の1970年の夏、モナコに滞在し、宮殿を訪ねたときにグレース公妃からかけられた言葉です。

また、グレース公妃は、1966年の『プレイボーイ』のインタビューで、次のようにマリアのことをコメントしています。

「マリア・カラスは素晴らしいアーティストだと思います。そして人としても思いやりのある、素直で率直な女性です。彼女は思ったこと、感じたことをそのまま言葉にします。それはとても素敵なことだと思います」

あまり自分の感情をストレートに表現できないグレースは、そんなマリアのことを羨ましく思っていたのかもしれません。

海運王オナシスの愛人だった、マリア・カラス。グレースは、彼女の言動について、ときおりアドバイスをしていた。
©Monte Carlo SBM

第3章

CHAPTER3 LA MATERNITÉ & LA VIE DE PRINCESSE

母・公妃

～忍耐から学んだ喜び～

グレースはある意味で、
若さ、休養、健康、団結を
司る大臣である。

レニエ3世（夫）

母の人を思いやる気持ちと
美しく気品のある生き方は、
いつまでも人々の
心に残るでしょう。

アルベール2世
（モナコ大公・息子）

私は母の自尊心を
大切にする気持ちと
センスを素晴らしいと思いました。
母は人に対して正直であること、
そして自分に対しても
正直であることが、
いかに重要かを知っていたのです。

ステファニー公女(娘)

23

まだ妻にも慣れていないのに、母親になるなんて到底無理だわ。

逆境にあっても前向きに進む

「世紀の結婚式」のあと、ハネムーンで2週間の地中海クルーズに出かけたグレース公妃。ハネムーンから戻ると、彼女は妊娠していることに気が付きます。

レニエ公はこの8月、モナコ国民に向け、グレース公妃がグリマルディ家の後継者を身籠《みごも》っていることを公式に発表しました。

一方、モナコでの生活は、公妃としての慣れない任務が山積みでした。伝統を守るヨーロッパの国、モナコ。ついこの間まで、女優として独立した生活を送っていたグレースにとって、モナコで新生活を営み、君主の妻を務めるのは並大抵のことではありませんでした。

グレースは、後にインタビューで次のように語っています。

「私はグレース・ケリーだった時代の自分と、モナコでの自分を区別しなければいけませんでした。まったく違う立場の人間に、同時にはなれなかったのです。結婚当初は、自己を失っていました。子どもができるまで、私の人生は主人の一部でしかありませんでした。そんななか、役に立ったのが、モナコでの公務でした。そして少しずつ自分自身を取り戻すことができるようになりました」

24

弟を嚙んでは駄目よ。
ほら痛いでしょ？

子どもには経験から学ばせる

両親からの愛を受けることのできなかったレニエ公は、自分の子どもたちには十分な愛情を注いで育てようと努力しました。グレース公妃も3人の子どもたちと、なるべく多くの時間を過ごすように努めました。息子であるアルベール公は、グレース公妃の子育てについて、次のように語っています。

「母は厳しくすべきときは厳しく、そうでないときはとても理解を示してくれました。そして私たち子どもに、多くの配慮と愛を与えてくれました」

長女のカロリーヌ、長男のアルベール、そして次女のステファニーと、3人の子どもを育て上げたグレース公妃は、小児科の医師、ベンジャミン・スポック博士が1946年に書いた『スポック博士の育児書』を読み、それに従って子育てをしていたようです。スポック博士は、厳しい躾《しつけ》よりも、乳児とのスキンシップと愛情を注ぐことを提唱しました。

ある時公妃は、アルベールがお風呂につかっているとき、一つ年上のカロリーヌが弟に嚙み付く癖があることに気が付きました。98ページの言葉は、そのときグレースが、カロリーヌの腕に嚙み付いて言った言葉です。

体当たりで子育てに向き合うグレースの、人間性がうかがえますね。

25

親であることは
世界で最も難しい骨の折れる仕事です。
最も大切な仕事でもあるのです。

子どもの教育には両親ともに取り組む

グレース公妃は、自分の子ども時代の経験をもとに子育てをしようとしました。いろんなことを体験させ、いろんな考え方に触れるようにと。

アメリカでは、小さな子どもたちは、子ども同士で遊ぶように教育されます。グレース公妃は、3人の娘と息子たちに、なるべく自分の友人や、いろんな世代の人たちと一緒に過ごすような機会を与えました。

もちろん躾もある程度厳しくしました。長男のアルベールがアメリカの大学に通い始めた頃、アメリカがあまりにも自由な国だということで、驚きを覚えたほどです。

グレース公妃は、レニエ公と躾について話し合いをしました。子どもの躾はほとんどが母親の責任ですが、父親の威厳も大切。ティーンエイジャーになると父親の存在が重要だと考えていたからです。

また、暴力シーンが増えている近年のテレビ番組の、子どもたちへの影響を危惧していました。なぜならテレビを見ている小さな子どもたちにとって、そのストーリーがフィクションなのかノンフィクションなのかは、はっきりと理解できないからです。

自分たちの子どもたちが、２カ国以上の言葉を話すことについても、懸念を示していました。アイデンティティを失ってしまうのではないかと、考えたからです。

しかし子どもたちには英語で教育をしました。子ども同士では、父親の母国語であるフランス語を話していました。

また、チャリティ活動、文化芸術の普及にも力を入れ、子どもたちを孤児院や養老院に同行させました。

こうした精神は、後に子どもたちにも受け継がれ、ステファニー公女は自らエイズ撲滅のための基金を設立しました。長女、カロリーヌ公女は後にこのように語っています。

「私の母は自制心が強く、常に完璧でした。また敬虔《けいけん》なカトリック信者で、私もその影響を受け、チャリティ活動に携わっています。私たちが受けたカトリック教育では、他人のことをまず最初に考えなければいけないと教わりました」

グレース公妃亡きあとも、モナコには彼女の精神が息づいているのです。

母の顔のグレース公妃。父親であるレニエ公と協力して、子どもたちと向き合っていた。

26

プロトコールは、
ありとあらゆる攻撃に対して
とても効果的な
バリアとなります。

自分磨きは大切

プロトコールとは、外交の場、あるいは社交の場での規則。アメリカからモナコ公室に嫁いだグレースですが、モナコに来た頃には、すでにある程度のプロトコールを身につけていたようです。

グレースがレニエ公と結婚した1956年の2年後から宮殿で彼女の身の回りの世話をしていたマリエル・ジラルダンさんは、語っています。

「グレース公妃は貴族出身でないにもかかわらず、すでに公務において必要なプロトコールをわきまえていました」

グレースは公妃として、各国の元首たちとの会見も見事にこなしました。フランスのド・ゴール大統領は、1959年レニエ公とグレース公妃がフランスを公式訪問したとき、美しい立ち居振る舞いに魅了されています。

また1961年5月には、レニエ公とグレース公妃は、ケネディ大統領とジャクリーン夫人を訪ねて、ホワイトハウスにも出向いています。

グレースは若い世代のアメリカ人を引きつけた、この若くてエネルギッシュな大統領、ケネディとジャクリーン夫妻に共鳴しました。ケネディ大統領亡きあとも、ジャクリーンとは、ずっと友情を育んでいくのです。

27

私には
人生で果たされていない
野望があります。

思い通りにならないときは妥協も大切

このグレース公妃が言う野望とはなんだったのでしょう?

彼女は亡くなる2カ月前、アメリカABCのインタビューでこのように語っています。

「私は女優として、皆の記憶に残るほどの実績を残していません」

彼女独自の謙虚な言葉ですが、自分自身としても、名残惜しいところがあったのでしょう。

1960年6月、グレース公妃の愛する父がこの世を去りました。そのあとも、ステファニーを1965年に授かるまで、数度の流産で、精神的にもダウンしていました。

ちょうどその頃、アルフレッド・ヒッチコックから映画『マーニー』への主演のオファーを受けます。

婚約当初、レニエ公は次のように語っていました。

「グレースは女優としてのキャリアを辞めることになるでしょう。その方が彼女にとって良いのです」

グレース公妃もそのつもりでいました。しかし結婚して二人の子どもが成長するにしたがい、女優復帰への願望は高まっていきます。

宮殿でふさぎ込んでいる公妃を心配するあまり、レニエ公も彼女の女優復帰に賛成するようになり、1962年には、映画の撮影に合わせて、家族全員で夏をアメリカで過ごす計画を立てます。

1962年は、ちょうどフランスがモナコに対して宣戦布告をした年。

所得税のないモナコに、脱税目的で、フランス企業がペーパーカンパニーを作っていることに対し、フランス政府は制裁を加えることにしたのです。

1959年のエリゼ宮への公式訪問の成功にもかかわらず、モナコとフランスの関係は、悪化しつつありました。

またこんな背景のなか、一国の公妃が、不感症の泥棒の役を演ずることについて、国民も良い感情を抱くはずがありません。

このような複雑な背景が絡み合い、グレース公妃は、ヒッチコックのオファーを断らざるを得なくなりました。

女優としてカムバックを果たせなかったグレース公妃は、その後3人の子どもたちの母として、モナコの公妃としての公務に情熱を注いでいました。

しかし、1970年半ば頃、エディンバラフェスティバルに招待され、再び舞台に立ち、詩の朗読のパフォーマンスを始めるようになります。1981年には、チャールズ皇太子と婚約したばかりのダイアナと出会うことになったゴールドスミスホールでの詩の朗読会に出席しています。

グレース公妃は亡くなる年の1982年に公開されたロバート・ドーンヘルム監督による『リアレンジド』という映画で、モナコ公妃自身を演じています。

28

幸せとは、
自分の心に平和を
感じることだと思います。

女性は自立だけでは幸せになれない

結婚して10年経った頃には、モナコの生活や公務にも慣れ、グレース公妃はやっと、安定した生活を送れるようになりました。

「妻、そして母である一方、モナコ赤十字の代表もし、チャリティ活動にも関わっています。私は結婚する前、典型的な20世紀を代表する現代的な若い女性でした。独立心旺盛で、仕事も毎日の暮らしも十分満喫していました。でもあまりにも独立しすぎていた。それでは女性が幸せになれるとは思いません」

演劇学校時代は、親の支援を受けず、モデルの仕事で学費や生活費をまかなったグレース。その後は女優として成功し、多くの収入を得ていました。

そんなグレースも、モナコの若きプリンスと憧れの結婚をし、子どもにも恵まれ、幸せな家庭を築くことができました。結婚後10年経ち、やっと心に平静が戻り、さまざまな公務で多忙を極めるようになったグレース公妃。

アルベール公は、この時の様子をインタビューで次のように語っています。

「モナコの人々は、最初は外国人である母を、どのように受け入れたら良いかわからなかったようです。しかし母は、彼女の人柄と寛大な姿勢で、モナコの人たちの心を捉えました」

29

王族は
継続する事に意義があります。

長く続く伝統を重んずる

1974年、レニエ公即位25年の年、モナコではスタジアムにテーブルを置き、国民全員でお祝いをしました。グレース公妃とレニエ公の結婚式のときも、パーティにすべての国民を招待しています。

モナコ国民にとって公室はとても特別な存在。大公は元首でもあり、そしてモナコという会社の社長でもあります。時にグレース公妃はメディアに登場し、広報部長としての役割も果たしました。

グレースは、公妃として自分の立場を理解し、そしてハリウッド女優だった自分の人脈、魅力を十分に利用し、モナコのイメージを一新させました。

グレース公妃の活躍により、モナコへの観光客の数はまたたく間に増えました。公妃が企画するありとあらゆるチャリティイベントには、王侯貴族やハリウッド時代の友人が参加。今でもこの伝統は受け継がれ、モナコでは数多くの華やかなイベントが開催されています。

グレース公妃は、伝統や継続性を重んずることの大切さを、よくわかっていました。民主主義が浸透している近代社会でも、公室の果たす役割は大切で、国民はそれに対して親しみを感じているのだと。

30

メディアが自由になることで、個人の自由が奪われてしまいます。

有名人はその代償も大きい

モナコの国土面積は日本の皇居の2倍、ニューヨークのセントラルパークの2分の1だといわれています。この小さな公国のプリンセスですから、勝手に外を歩くこともままなりません。

「道を歩いていても、誰も私に注目することがなかった時代のことを懐かしく思います」と、グレース公妃は語っています。レニエ公とグレースのロイヤルウェディングのときも世界中から数千人のメディアがモナコに集まりましたが、この時期からメディアたちは、王族のプライベートを追っかけ、ゴシップ誌で、あることないことを書き連ねていました。

もともと劇場や映画での仕事を愛したグレースですが、ハリウッドスターとして公の場に出ることは苦手。モナコに嫁いで公妃となってからは、公の立場に置かれ、完全にプライバシーを失っていました。

グレース公妃の秘書をステファニーが生まれた年から務めていたルイゼット・レヴィ＝スッサン・アゾアリオさんは、一度だけメディアの攻撃に対しグレース公妃が不平を言ったことがあると言います。

「太ると〝妊娠〟、今度は痩せると〝癌〟と書かれたわ」

31

幸福、幸せであるということが
永遠に続く状態は
ないのだと思います。
人生ってそんなものでしょ。

人生の壁にいつでも対処できる覚悟、知恵を

１９６６年は、モナコにとって大変重要な年でした。

１８６６年当時の大公、シャルル３世によって、モンテカルロの街が誕生。その１００周年を祝う特別な年だったのです。

街ではコンサートや１００周年の舞踏会、バレエの公演などさまざまなイベントが、開催されました。この華やかなイベントの影に、モナコの国命を左右する危機がありました。

１９５０年代からモナコでホテルやカジノを所有するＳＢＭ（ソシエテ・デ・バン・ド・メール）の筆頭株主で、レニエ公のビジネスパートナーでもあった海運王オナシス。実は１９６０年代に入ってレニエ公と方向性の違いで、二人の関係にヒビが入り始めたのです。

レニエ公の「モナコに一般の観光客が滞在できるような３つ星ホテルを建設する」というプランに対し、オナシスは反対。モナコは、世界中の金持ちだけが集う場であるべきだと、主張しました。

１９６６年６月、レニエ公はフランスのド・ゴール大統領やモナコ国会での話し合いのもと、あらたにＳＢＭの株を60万株発行し、すべてをモナコの国の

所有としました。

これでオナシスは、ＳＢＭへの発言権を失いました。

ついにオナシスの所有する株までをも買い上げ、オナシスのＳＢＭ買収劇を乗り越えたのです。

それによりモナコは、モンテカルロの１００周年の記念式典を無事に迎えることができました。

グレース公妃は、この買収劇の1年前に、３人目の子ども、ステファニーを出産し、結婚10年目を迎えていました。

ビジネスの分野で活躍するレニエ公の裏で、従順な妻、公妃の役割に徹し、象徴的で模範的なモナコの公妃を演じていたのです。

その時の心境を、次のように語っていました。

「私の人生の中でも、この10年間は、とくに多くの満足感を感じることができました」

1966年モンテカルロの100周年を祝うパーティーにて。しかしこの直前には、モナコの国を揺るがす大波乱が。
©Monte Carlo SBM

32

どの結婚にも嵐のような時期があります。

忍耐と相手を受け入れる柔軟性を持つ

1970年代は建設王レニエ公にとって忙しい時期でした。

狭いモナコの土地を拡張すべく、フォンヴィエイユ地区とラルボット地区の埋め立てプロジェクトを着実に進めていたのです。

フォンヴィエイユ地区は、公害の出ない製造業を行う工業用地に、ラルボット地区は、ビーチリゾートにと拡大し、土地を有効利用しようとしていました。

また、冬の閑散期にも観光客を誘致しようと、コンベンションセンターの設立にも尽力し、モナコを観光会議立国とすべく企業の誘致も始めました。

一方で芸術を愛するグレース公妃は、モナコに古き良き時代、ベルエポックを再現させるべく、バレエ、演劇などのイベントを開催させることに尽力しました。

そして子どもの頃から愛した花のイベント「国際ブーケコンクール」も、1966年から毎年モナコで開催。これが趣味の押し花アートを作るきっかけになりました。

これらはレニエ公が国務に追われ、夫婦関係も冷めきっていた頃のこと。

グレース公妃は、公務に勤《いそ》しむことで、こうした満たされない心の隙間を埋めようとしていたのかもしれません。

1970年代の半ばから、カロリーヌとステファニー、二人の公女の教育のため、一緒にパリのアヴェニュー・フォッシュで、アパート生活を始めています。

これがレニエ公との不仲説を、一層確かなものにしたのです。

そんな1976年、混沌としたグレース公妃の心に、風穴をあけるようなできごとがありました。

ハリウッド時代のエージェントだったジェイ・カンターの計らいで、20世紀フォックスのボードメンバーに採用され、ショービジネスに戻るきっかけができたのです。

グレース公妃は、年4回開催されるアメリカでの会議に出席することになりました。

この「天から降ってきた贈り物」にグレースは喜びました。アメリカ時代の友人や親戚たちと時間を過ごす機会を増やすことができ、微妙な夫婦関係からくる、複雑な思いを紛らわせていたのかもしれません。

グレース公妃はその魅力で、世界中に、モナコの名声を轟《とどろ》かせました。

しかしメディアの注目は、モナコよりどちらかといえば公妃の方に向けられていたのも事実です。

レニエ公も時に、よそ者のグレースの方に人気が集中することに嫉妬を覚え、彼女につらく当たることもあったようです。

「結婚には妥協しなければいけないこともあるわ。お互いに物事がうまくいくよう努力しているの」

と、当時グレース公妃は友人に語っています。これが二人をずっと結びつけてきていた秘訣だったのではないでしょうか。

ハリウッド女優時代の友人のリタ・ガムは、後のインタビューでこのように語っています。

「グレースはとっても聡明な女性でした。そして忍耐強くもありました。それは宗教的なところからくる忍耐力でした。彼女は敬虔なカトリック信者だったのです。グレースは、秩序を大変重んじていました。ですから、なにが起こっているかを理解しなければいけない立場にいるということをよくわきまえていました。彼女のように振る舞える女性はなかなかいないのではと思います」

33

自分の気持ちには、
従うべきだと思います。
私もいつも
そのようにしましたから。

自分の気持ちに素直に

グレース公妃にとって、自分の優しい性格を受け継いだアルベールを育てることは、あまり大変ではありませんでした。しかし父親譲りの地中海気質を受け継いだ、カロリーヌとステファニーには、悩まされていたようです。

カロリーヌは19歳のとき、36歳の実業家で、プレイボーイとして名を馳せていたフィリップ・ジュノーと知り合い、2年後の21歳になったとき、親の反対を押し切って結婚をします。

グレース公妃はパリで一緒に暮らすことにより、娘を正しい方向に導こうとしましたが、それは無理なことでした。

「娘たちとはお互いに愛を与え尊重してきました。なんでも話し合っていました。でも母親は彼女たちにとって一番の親友とはなり得ないのです」

と、カロリーヌとの関係について語っています。40歳を過ぎたグレース公妃には、ティーンエイジャーのカロリーヌの行動が理解できませんでした。

やがて、カロリーヌとジュノーの関係に終止符が打たれます。

現代社会でもありがちな、親元を離れ自由を手に入れるための結婚をしたカロリーヌ。1980年に離婚の手続きがなされました。

34

自分の直感や第一印象を信じなさい。

いろいろな体験をもとに感性を高める

これは、息子のアルベール公が、グレース公妃から受けたアドバイスです。

2005年、レニエ公死去の後、モナコの君主となったアルベール公。帝王学は父のレニエ公から学んでいたはずですが、こうした人生の指針は母親が教授したのでしょう。

ハリウッドという厳しい映画業界で揉《も》まれて成功したグレースは、若い頃からいろいろなことを体験し、学んできました。

数々の映画のオファーを受けたときも、グレースは本当に自分が納得できる役柄だけを演じてきました。こうした経験を、子どもたちにも受け継いでほしいと思ったのでしょう。

またアルベール公は、母親についての思い出をこのように語っています。

「母は、私たちが必要としていた愛情や思いやり、寛大さを与えてくれました。また私たちに、とても的確で明確なアドバイスをくれました。そして母はとても強い直感を持っていました。他人に対するはっきりとした判断力も持ち合わせていました。それをとても前向きな方法で、私たちに伝えていこうとしてくれたのです。母はどんな地位の人でも、皆同じように迎え入れ、理解を示しました。すべての人に対し、尊敬と理解をもって接しました。これは現代社会ではまれなことです」

他人を決して批判せず、分け隔てなく、いろんな人たちを受け入れてきたのでしょう。

またグレース公妃の人柄について、秘書のルイゼット・レヴィ＝スッサン・アゾアリオさんは、このように語っています。

「グレース公妃は、人を安心させるとてもシンプルな方でした。人と距離を置き、打ち解けないような雰囲気を漂わせているのですが、実際はそのような方ではありません。最後には徹底的に人を信用するのです」

モナコのような小さな国でも一国の主となると、いろんな誘惑もあることでしょう。

かつてレニエ公も、オナシスとの関係で、大変な苦労をしました。

グレース公妃は、アメリカとモナコでの経験をもとに、次のモナコの君主となっていくアルベールに、母なりのアドバイスをしたのでしょう。

子育てには体当たりでぶつかったグレース公妃。学校の送り迎えも、毎日自ら歩いて一緒に行っていた。
©Monte Carlo SBM

35

女性の生まれながらの役割は、
家族の柱になることです。

女性は優しく家族を支える存在であれ

グレース公妃は、異国に嫁ぎながらも、モナコ大公の妻として国務で忙しいレニエ公を支え、3人の子どもを育て上げました。そのうえ、モナコの発展にも十分貢献したのです。

アイルランドからの移民2世で財を成した父親と、ドイツ系の堅実な母親からの厳しい教育を受け、女性の役割はどうあるべきかを身をもって理解していたことでしょう。

女優時代は、「ハリウッドの女王」と呼ばれていたグレースも、モナコ公妃という仕事は、あくまでもモナコの君主、レニエ公の公妃であり、裏で夫を支える立場であるべきということを心得ていました。慣れるまでには大変な試練があったことでしょう。

グレース公妃はこのように語っています。

「主人は私のことを、彼にとっての〝政府〟だと言い、私は彼のことを私にとっての〝指導者〟だと言っています。第三者から私たちに関わることについて訪ねられると、彼は決まってこのように言います。〝まず私の政府に相談してみないと〟」

レニエ公は自分の妻のことを、素晴らしい公妃として、いつも尊重していたのでしょう。

母親としても子どもには多大なる愛情を注ぎました。

後にステファニー公女はインタビューでこう答えています。

「母とは意見の不一致で、話し合いをよくしました。いつもそばにいて私の話を聞いてくれ、物事がうまくいくよう手助けをしてくれたのです」

グレース公妃自身もこのように言っています。

「私は、子どもたちの気持ちや意思を、完全に尊重しています」

COLUMN 03 — MESSAGE FOR JOSEPHINE BAKER

ジョセフィン・ベーカーへ送った言葉

”たとえ私が南極にいても、
あなたが困っていれば
助けに行くわ。
そのことを覚えておいて。“

ジョセフィン・ベーカーは、フランスで活躍したアフリカ系アメリカ人のレビューダンサー。アメリカ南部の貧しい家庭に生まれ、アメリカでキャリアをスタートさせます。

彼女のエキゾティックで斬新な踊りは1920年代、パリでセンセーショナルな話題を振りまきました。その後活動の拠点をヨーロッパに移しました。後にアメリカで公演を行いますが、ヨーロッパでの成功にもかかわらず、黒人というだけで、アメリカの聴衆とメディアは、ジョセフィンを酷評します。

このときに、当時アメリカ駐在員の妻であった、後のエリザベスサンダースホームの創始者、澤田美喜さんが、ホテルへの滞在を拒否された彼女の面倒を見ています。

グレースとの出会いは1951年。ニューヨークで流行の社交場であったストーククラブを訪れたジョセフィンは、人種差別を受けました。その時、ストーククラブに居合わせていたグレースは、ジョセフィンをかばい、一緒に店を出たということです。

人種差別撤廃を唱えたジョセフィンは、後に世界中から12人の孤児を引き取り、彼らを「虹の部族」と呼び、南フランスのミランドで暮らし始めます。その中には澤田美喜さんの計らいで、二人の日本人戦争孤児もいました。

やがてジョセフィンの理想の生活は、歯車が狂いだし、1960年代後半に破産を迎えます。そんなジョセフィンと「虹の部族」を救済したのは、モナコの公妃となったグレースでした。

モナコに近いフランス、ロックブリュンヌ・キャップマルタンのヴィラ、マリヴォンヌをモナコ赤十字の管理下に置き、ジョセフィンたちが住む手助けをしたのです。

1948年にスタートし、グレースがモナコの公妃となった翌年の1957年から、アーティストによるパフォーマンスが開催されるようになったモナコの赤十字のガラディナー。そこにジョセフィンは1969年と1974年のゲストとして招かれています。

また、彼女のデビュー50周年を祝う1975年のショー、「ジョセフィン・ア・ボビーノ1975」のレビューショーもグレース公妃、レニエ公がジャクリーン・オナシスと一緒にスポンサーをしたといわれています。

ボビーノ座のステージの途中、脳卒中で倒れ、そのまま息を引き取ったジョセフィン。マドレーヌ寺院での国葬級の葬儀の後、その棺はグレース公妃の手によりモナコの墓地に収められました。

芸術家への支援を惜しみなくしてきたグレース公妃にとって、同じアメリカ人でありパリで活躍していたジョセフィンが窮地に陥っているのを知り、なんとか芸術家として復帰してもらいたいという気持ちがあったのでしょう。133ページの言葉は、そのときにジョセフィンに捧げた言葉です。

日本から引き取られた二人の子どものうちの一人、ジャノ・テルヤさんはモナコから少し離れたフランスとの国境に今でも暮らしています。子どもの頃は、グレース公妃に招かれて、ジョセフィンと一緒に、宮殿や別荘に遊びに行った記憶があるということです。

母親、ジョセフィンの公演に合わせ来日し、そのまま暫《しばら》く日本に滞在したこともあるということで、そのときに学んだ庭師の経験を生かし、今ではモナコのカジノ広場の庭の手入れをしています。

カジノ広場の庭も所有するSBMの従業員なのです。

この会社はかつてオナシスが株の大半を所有し、後にレニエ公が買い戻したという、オナシスのモナコ買収劇の舞台となった会社。ジャノ・テルヤさんはグレース公妃の計らいで、この仕事を得たということでした。

固い友情で結ばれたグレースとジョセフィン・ベーカー。ジョセフィンの晩年の生活苦を、グレースは支えていた。
©Monte Carlo SBM

第4章

愛・美 ～人生から見出した慈しみ～

CHAPTER4 L'AMOUR & LA BEAUTÉ

グレースは自分が幸せだと思っていました。
神の存在を信じていました。

リタ・ガム（女優）

最近は無条件の友情という言葉は
あまり使わなくなりましたが、
グレースは私たちに、
それを与えてくれました。

ジュディス・カンター（友人）

グレースは苦悩の人であるが
決して聖人ではない。
それ以上の人間である。
彼女は強い意思を
ものすごい情熱を
そして良い心を兼ね備えていた。

フレデリック・ミッテラン
（元フランス大統領の甥）

36

私たち兄妹は、
奉仕活動に参加するように
教育されました。

奉仕の精神を持つ

最近日本でもよく使われるようになった「ノブレス・オブリージュ」という言葉があります。

「位高ければ徳高きを要す」という意味ですが、グレースも子どもの頃からこのような教育を受け、この精神は彼女の子どもたちにも受け継がれています。

グレースは、母親が関わる慈善事業のために、小さい頃からチャリティファッションショーのモデルをしたり、道ばたで花を売ったりしたといいます。花は、近所の庭から調達されたもの。自分の庭に咲いていた花なのに、それを知らずに近所の人たちが買っていったと、グレースは自分の著書で語っていたようです。

モナコに嫁いでからも、さまざまな慈善事業に積極的に取り組みました。

1958年には、モナコ赤十字の代表に就任。以来、夏に開催される赤十字のガラディナーは、グレース公妃のハリウッド時代の人脈のおかげで、モナコでも最も華やかな一大イベントとなり、コートダジュールで夏のバカンスを過ごす世界中のジェットセッターたちが集うようになりました。

こうしたイベントの収益は、世界中の自然災害や戦争の犠牲者への救援物資にあてられました。

１９５８年にはモナコ初の総合病院、グレース公妃病院を設立しました。また、AMADE Monaco（モナコ子どもの友世界連盟）は１９６３年、グレース公妃によってモナコに設立され、世界中の子どもたちの医療と教育の援助を目的に、今でも彼女の子どもたちによって、活動が続けられています。１９６４年にはグレース公妃基金も設立しています。

モナコの旧市街とモンテカルロの中心部から少し離れたところに、グレース公妃基金が運営するブティックがあります。

生活に困っている女性たちが、手芸や陶器作りなどで生計を立てるのに役立てるために、グレース公妃自ら作品を販売する店を作ったのです。

ここでは売れていない商品を、お店を訪れた公妃が、こっそり購入していたこともあったということでした。

ブティックで40年以上働くリリアン・フォートリエさんは、こう語ってくれました。

「公妃は品質管理にこだわっていらっしゃいましたから、皆の腕も上がっていきました。なかには、あまり物作りが得意でない人の作品もあります。でも褒めることはあっても、決して批判的なことはおっしゃいませんでした。作品の良い部分を認め、その良さを作った人に伝える。そうすると作った人は嬉しいから、その部分がもっと良くなるように、自分の長所を活かした作品作りをしていくんです。あまり上手でない人が、めきめきと腕を上げていく様は、まるで魔法を見ているようでした。公妃は人の持つ、隠れた才能を引き出す天才でした。それも深い愛を持って、相手を見つめるからできるのでしょう」

37

あなたはモナコに
いてはいけないわ。
一緒にパリにいらっしゃい。

痛みを持つ人に手を差し伸べる

グレース公妃の秘書を務めた、ルイゼット・レヴィ＝スッサン・アゾアリオさんは、１９７４年に夫を亡くし、悲しみに打ちひしがれていました。このとき公妃は、娘たちと一緒にパリで暮らしていたのですが、右の言葉は、当時グレース公妃がルイゼットさんにかけた言葉です。

パリに滞在していたある日、グレース公妃はルイゼットさんに、

「ドレスアップして出かけましょう」

と誘います。そして同じアパートに住む世界的に有名なピアニスト、アルトゥール・ルービンシュタインの自宅に案内しました。悲しみにくれる秘書を喜ばせようと、プライベートリサイタルを企画したのです。

そのときのようすを、ルイゼットさんはこう振り返ります。

「グレース公妃は私をビックリさせることで、悲しみを一瞬でも忘れさせようとしてくれたのです。ふだんは口に出さなくても、ちゃんと人の心の痛みを感じている。そしてその痛みのために、自分ができることは何かを、常に考えていらっしゃいました。あんな愛情の深い女性はいません。グレース公妃の存在は、私の人生にも、大きな影響を与えてくれました」

38

花は私に多くの扉を
開いてくれました。
言葉よりも感情で
訴えかけてくれたのです。

自然を愛する

グレースは子どもの頃から花を愛し、自宅の庭には自分の花壇を持っていたようです。

1966年、グレース公妃はモンテカルロ100周年の年に、初めてフラワーショーを開きました。フランスの作家、コレットはモナコを「花のみが国境をなす国」と呼んでいました。

地中海気候のリビエラには、カラフルで美しい花が咲きみだれています。こうした環境の中で花のイベントを開催することは、自然なことだとグレースは感じました。

このフラワーショーの一環として開かれた「国際ブーケコンクール」は、いまだにモナコで開催し続けられています。

また1968年には、自然への愛と敬意を広げ、会員たちの知識を社会に役立てることを目的とした、モナコ・ガーデンクラブを創設。

クリスマスの時期に教会や老人ホームを花で飾ったり、ブーケコンクールの主催などの活動をしています。グレースはこうして、花を通してモナコの人たちとの関わりを深め、自分の世界を広げていったのです。

39

花を愛することで
いろんな可能性が開けました。
多くの友人ができたのも
花に対する情熱によるものです。

自分が愛する事に情熱を捧げる

グレース公妃は1981年4月に、初めてレニエ公、娘のステファニー公女とともに、来日を果たしました。来日に至るまでの経緯や、日本との繋がりも、花なしでは語ることはできないでしょう。

グレース公妃は、当時の神戸新聞事業社光田顕治社長の招きで、神戸ポートアイランド博「ポートピア'81」へ出席するため、日本を訪れたのです。

どうして初の来日が神戸だったのでしょう？ そこには神戸新聞事業社とモナコとの10年にわたる関係があったのです。それは花を通じての関わり合いでした。

1970年代、日本は高度成長期を迎え、海外旅行をする人の数も年々増えていました。神戸新聞・デイリースポーツ社では、この国際化の流れに沿って、海外へ日本文化を紹介し、国際交流をはかることを目的に、海外への使節団を派遣し始めました。

その派遣先として、毎年グレース公妃が中心となって「国際ブーケコンクール」を開催しているモナコが選ばれたのです。

当時このプロジェクトの特命を受けた同社の成尾薫史さんが、1971年9

月にモナコを訪れ、使節団派遣の交渉をはかりました。そして翌年1972年、日本で結成された「ヨーロッパ花の使節団」はニース、カンヌ、モナコへと派遣されたのです。実際、使節団が「国際ブーケコンクール」に参加したのは4年後の1976年のこと。

日本からは、いけばなの各流派代表団がコンクールに参加しました。デモンストレーションには、グレース公妃も出席して、日本からの使節団を迎え、モナコ主催のレセプションも開催されました。こうして毎年のように華道、武道、郷土芸能などの文化使節団がモナコに派遣されたのです。

モナコと神戸との文化交流が始まって10年経った1981年4月、「ポートピア'81」が開催され、それに合わせてグレース公妃は来日しました。神戸は海に面した都市で、海との深い関わりがあります。そして昔から世界中の人たちが集まってきました。

そういった背景から、レニエ公は、神戸市とモナコとの共通点を見出したようです。レニエ公は、ポートピアが開催されるポートアイランドという人工島にも関心を示しました。

こうしてグレース公妃とレニエ公の長年の夢、来日が花の文化交流を通じて実現したのでした。

また、アートフラワーの大家、飯田深雪さんは、1979年の5月、グレース公妃の計らいで、スポルティング・ディヴェールという会場で、アートフラワーの個展を開催しています。

1978年のカロリーヌ公女の結婚のとき、飯田深雪さんのもとに、髪につける花飾りを作ってほしいというグレース公妃からの依頼があり、それがきっかけで個展が開催されたということです。

会期中には公妃主催のレセプションも開催され、彼女の招待でヨーロッパの名家、芸術関係者300名ものゲストが集まりました。

飯田深雪さんの手記には、

「公妃は、私の初めての海外生活地となった、シカゴの人を隣りの席にしてくれました。事前に履歴を調べた上、ご配慮してくださったのでしょう。とても感心しました。帰国すると翌日、公妃自らのサインされた心のこもった礼状が届きました」

と書かれています。1981年にグレース公妃が来日した際、二人は東京で再会を果たしています。

40

優しさ、礼儀、美、
敬愛といった美徳を
日本が失わずにいることを、
世界中が切望しています。

感性を磨き、美意識を高める

1981年4月4日から13日まで、たった10日間の日本での滞在でしたが、グレース公妃は日本から多くのことを感じ取ったようです。

それまでも10年間にもわたる、神戸新聞事業社による文化使節団との交流によって、いけばなを中心とした日本の伝統文化や、日本人の繊細な思いやりの心といった、日本に対する知識は多少あったと思われます。来日時、

「花の芸術家が生まれた土地で制作するのを見たり、日本独特の庭園を見ることができたのは、格別な体験でした」

と語っています。

4月4日に大阪国際空港へ到着後、神戸で3日間を過ごしました。この期間中には、ポートピアへの公式訪問や、ポートピアのファッションライブシアターで神戸新聞事業社と企画された「モナコ美術展」のオープニング、グレース公妃来日を祝って開催された「ポートピア'81いけばな展」への出席と、忙しい毎日を送っています。

その後、待望の温泉、有馬温泉にて1泊。翌8日には有馬温泉から京都へ向かい、金閣寺や仁和寺、桂離宮をまわっています。桂離宮では、とても感銘を

受けたようで、このような感想を述べています。

「ただ月を眺めるだけのために、竹で縁側を作るとは、なんて素敵なセンスでしょう」

11日からは東京へ向かい、六代目中村歌右衛門の楽屋を訪ね、歌舞伎鑑賞をしました。その後、草月流でいけばなの実演を見学していますが、グレースは日本のいけばな芸術の独創性、草花と花器との調和、ディテールに対する配慮に感銘を受けています。

この10日間の旅に同行された神戸新聞事業社の成尾さんは、グレース公妃のステファニー公女に対する躾に感銘を受けたと語っています。

16歳のステファニー公女にとって、ヨーロッパとはまったく違う文化を持つ日本での旅は、あまり心地よいものではなかったのでしょう。

有馬温泉の旅館では、濁った温泉に入ったり、畳に布団を敷いて寝ることに、最初は難色を示していました。グレース公妃は、

「日本には歴史ある文化があるのですから、体で独自の文化を理解するようにしなさい」

と、厳しく諭したということです。

来日したときのグレース公妃は、親友、澤田美喜さんからプレゼントされた和服に身を包んでいた。
（元神戸新聞事業社・成尾薫史さんより提供）

41

すぐに王宮に来て。
いい建物が見つかったのよ。
そこをダンスアカデミーに
したらどうかしら？

情熱と寛大な気持ちを持つ

モナコでは、20世紀初頭にバレエ・ルッス・モンテカルロというバレエ団が活躍し、モナコで芸術の華を咲かせていました。グレース公妃は、そんな華やかな時代を再現しようと、さまざまな芸術活動の支援をしました。

バレエ・ルッス・モンテカルロには、ロシアから亡命してきたマリカ・ベゾブラゾヴァという団員がいました。彼女は退団後、カンヌでバレエカンパニーを設立。1952年にはモナコへ移り、ロシアンバレエをベースにしたモンテカルロ・クラシック・ダンス・スクールを立ち上げます。

グレース公妃は、長女のカロリーヌをこのバレエ学校に通わせていました。あまりにも狭いスタジオは、編み物をしながら見学していた公妃の膝に、踊っていた子どもたちがぶつかってしまうほどだったということです。

グレース公妃は、モナコにバレエ芸術を根付かせるために、生徒たちがのびのびとレッスンできる、大きなスタジオが必要だと常々語っていました。

そして自らが、それにふさわしい物件がないか、探していたのです。

そんなあるとき、マリカさんのもとにグレース公妃から電話がかかってきました。自ら探してきた場所、国が所有することになったアメリカのシンガー家

（シンガーミシンの開発者）のヴィラ、「カーサ・ミア」を、バレエ学校に使わないかという内容だったのです。

　こうしてマリカさんのバレエ学校は、1975年、グレース公妃ダンスアカデミーとして「カーサ・ミア」に拠点を置くことになったのです。

　それ以来、世界中の子どもたちがそこでバレエを習うようになりました。

　今では寄宿舎も「カーサ・ミア」につくられています。世界的に有名なダンサー、ルドルフ・ヌレエフも公演が終わるとマリカ先生のところを訪ね、体の調整をしていました。

　そして日本を代表するアーティスト、森下洋子さん、清水哲太郎さんも、文化庁の研修生としてこの学校で学んでいます。グレース公妃は森下洋子さんのことを「ヨーコ」、そして夫の清水哲太郎さんのことを「テツ」と呼び、二人のことが大変お気に入りだったということです。

　アカデミーのオープニングには森下さんが『黒鳥』を踊り、帰国する前の1976年11月、グレース公妃主催のレニエ公の誕生日記念のバレエ公演、『漁夫とその魂』にも森下さん、清水さんが主役として抜擢されました。

「グレース公妃は、とても気さくな方で気品のある、まさしくプリンセスといった方でした。繊細だけど行動力がある、そして美しい。モナコにとっては素晴らしい宝物だったのではないでしょうか。モナコで芸術が発展したのはグレース公妃のご尽力のおかげです。子どもたちにとって、良い環境の中で、バレエのレッスンが受けられるような素晴らしい学校を創りたいという、グレース公妃の強い意思と、マリカ先生という素晴らしい才能ある人との出会いによって、アカデミーが誕生したのです」

と、森下洋子さんは語っています。厳しいマリカさんに叱られた子どもたちに、

「良くできたから大丈夫よ」

と、そっと声をかけていたというグレース公妃。バレエ学校のすべての生徒たちにとっての、優しいお母さんのようだったということです。

森下さんはこうも語っていました。

「グレース公妃は、本当に聡明な方でした。また、感受性が豊かで、美意識が高く、立っているだけで美そのものといった感じでした。アメリカからヨーロッパの公室に嫁がれたので、大変だったことでしょう。彼女の美は、決して表面的な造形美ではなく、いろいろなことを経験し、深く考え、悩んだ中で蓄えられた、内側から湧き出ている美のように思いました」

42

ヨーコとテツが踊るのなら、
マダムモリに衣装の
デザインを頼んだら？

感性で人と人を繋げていく

グレース公妃とファッションデザイナーの森英恵さんの出会いは、テキサス州ダラスの有名デパートでした。HANAE MORIブランドがアメリカに登場したのは1960年代。

直接お会いになっているわけではありませんが、グレース公妃は、ダラスのデパートを通じてHANAE MORIの洋服を購入していた顧客だったのです。

当時はデパート経由の注文のため、グレース公妃が顧客だということは、森英恵さんはご存知なかったそうです。しかし後にフランスの雑誌『ELLE』で公妃が森英恵さんデザインの服を着ている写真を見て、いつもアメリカのデパートで、サイズ8を特別オーダしている婦人が、グレース公妃であることがわかりました。

ある日、森英恵さんのもとに公妃から電報が届きます。

「モナコの新しいホテルのオープニングチャリティショーを開くので、そこにニューヨークで発表したコレクションをモナコに持ってきませんか？　あなたの作品はモナコの空の色にとても合うから」

という内容でした。

1975年のモナコでのショーは大成功。その帰りに、森英恵さんは、パリのホテル・ムーリスでもショーを開催、それがきっかけとなり、その後パリでオートクチュールのメゾンを開くこととなりました。

翌1976年11月、グレース公妃の計らいで森下洋子さん、清水哲太郎さん主役のバレエ、『漁夫とその魂』のコスチュームデザインが森英恵さんに依頼されました。160ページの言葉は、そのときにグレース公妃が森下さんに言った言葉です。

グレース公妃は、日本人のプリマバレリーナが踊る作品なので、コスチュームは同じ日本人デザイナーに依頼するのがベストだと考えたのでしょう。

それ以来、日本を代表する二人の素晴らしいアーティスト、森英恵さんと森下洋子さんとの交流が始まりました。

このようにグレース公妃との巡り合わせで、ヨーロッパに進出した森英恵さん。公妃には、数回会われているそうですが、

「清楚な美しさが印象的でした」

と、いうことです。

バレエや芝居、オペラなど、モナコが芸術の都となるように、グレース公妃は奔走する。
©Monte Carlo SBM

43

劇場は、モナコそのものです。
シャンパンの泡がはじけるように、
人の心を躍らせるような
出し物を上演しましょう。

自分の事だけでなく他人の幸せも

かつてハリウッド女優として成功しながらも舞台の仕事を望んだグレース公妃は、モナコを芸術の都にしようと、芝居を上演することに尽力します。

1930年につくられ、ずっと使われていなかった古い劇場を改装し、1981年に「グレース公妃劇場」が誕生。壁やシートの色、音響設備、ロビーのシャンデリア選定など、公妃自らが指揮を執りました。

また、女優としての経験を生かし、楽屋のデザインにも指示をしました。

「役者が横になれるよう、ソファーを置きましょう。そして冷蔵庫に水やソフトドリンクも常備して。アーティストはデリケートで、とくに公演中は、とてもセンシティブになります。彼らが演じることに集中し、良い舞台をつくるには、少しでもリラックスできる環境が必要です。だから楽屋を心地よく整えておきましょう」

と、役者たちへの配慮を欠かしませんでした。

劇場完成には、彼女の演劇学校での成果が発揮されました。演目にしても、観客が幸せな気分になれるようなものにしようと心がけました。

44

出産おめでとう（グレース公妃より）

ちょっとした思いやりが人の心を動かす

グレース公妃は、どんな人にも分け隔てなく接しました。モナコの国民に対しても、距離を置くことなく気さくに話しかけていたそうです。

前述のとおり、モナコは小さな国ですから、国民は外出している公妃の姿を、当たり前のように目にしてきました。子どもの学校の送り迎えや、マーケットで買い物をする様子、カフェでお茶を楽しむ様子。そんな日常生活の中にいる公妃に出会うと、やはり国民は舞い上がっていたようです。

グレース公妃の方も、国民との繋がりを少しでも深めようと、あれこれ考えていました。そのひとつが、赤ちゃんが産まれた人への出産祝いです。

1958年、モナコに初の総合病院、グレース公妃病院が完成します。グレース公妃はここに産婦人科の設備を、充実させるようにしました。なぜなら産まれてくる子どもたちが、モナコの将来を担うからです。

そしてグレース公妃は、病院で出産があると、自ら病院に出かけていき、出産を終えた女性に、お祝いの言葉と自分のサインを入れたカードとボンボニエール、花束を届けました。またクリスマスには、宮殿に小さな子どもたちを招き、一人一人にクリスマスギフトを渡していたそうです。

45

慎ましく、思いやりある
人間だったと、
みんなの記憶の中に
残しておいてほしいのです。

謙虚な気持ちを忘れずに

これはグレース公妃が1982年7月、アメリカABCのテレビ番組のインタビュー中に言った言葉です。彼女の人柄、生き方を象徴するとても感動的な言葉ではないでしょうか。長男であるアルベール公は、日本のドキュメンタリー番組のインタビューで、

「母は慎ましい以上の女性。素晴らしい人でした」

と、母親の思い出を語っています。

そしてブライドメイドの一人、サリー・リチャードソンは、インタビューで次のように答えていました。

「彼女は誠実な人でした。彼女と親しくなれば、ずっと親しくあり続けます。彼女のことを利用しない人に対しては、とくによく面倒をみました」

この年の9月、グレース公妃は南仏のロック・アジェルにある別荘で、バカンスを過ごしました。別荘は、グレース公妃がレニエ公と結婚してからファミリーで過ごすためにつくられたものです。

もともとは古い農場だったところを改装したもので、モナコを見下ろす海抜700メートルのところにあります。

グレース公妃とレニエ公は、ケリー家の親戚や友人たちをこの別荘に招き、宮殿から離れて、くつろぎの時間を過ごしました。

そして9月13日の朝、バカンスを終えたグレース公妃は娘のステファニー公女と一緒に車で宮殿へ向かいます。いつもなら、お付きの人が車を運転するのですが、この日はドライバーの運転を断り、グレース公妃自らハンドルを取ったのです。ステファニー公女はこのとき17歳。多感な年頃を迎えていました。

グレース公妃の計らいで入学する予定だったファッションデザイナーの学校には入学せず、ボーイフレンドのポール・ベルモンドと一緒にカーレーサーになるための学校に行くと言い出したのです。

そんな話し合いが続くなか、グレース公妃は帰りの車で、娘と二人きりで過ごしたかったのでしょう。

ロック・アジェルから宮殿までの道のりは、曲がりくねった道が岩山に沿って続き、ガードレールがない場所もあります。ロック・アジェルを出発して、モナコまであと2キロ、ちょうどキャップ・ダイユに近づいた所でグレース公妃が乗ったローバーは、カーブを曲がりそこねて崖に転落していきました。

二人は直ちにモナコのグレース公妃病院に運ばれます。ステファニー公女の命は助かりましたが、グレース公妃は危篤状態。事故の原因は、彼女が運転中に起こした脳卒中といわれています。

ステファニー公女が運転していたのではという説もありますが、グレース公妃の友人のサリーはこのように語っています。

「グレースは子どもに対して厳しい躾をしていました。とてもまじめな女性ですから、法律上運転できない年齢のステファニーにハンドルを握らせるなんてことはあり得ないと思います」

そして翌日1982年9月14日午後10時15分、生存の可能性がないという判断のもと、グレース公妃の生命維持装置のスイッチは切られました。

52歳で人生の幕を閉じたのです。

26歳に結婚してから、ちょうど26年後のことでした。

グレース公妃が亡くなったというニュースがモナコに流れてからは、モンテカルロの街がまるで死んだかのように、ひっそりとしたということです。

葬儀は9月18日、世紀の結婚式の会場となった大聖堂で、しめやかに執り行われました。この日モナコには、皆の気持ちと反比例して、太陽が降り注いでいました。

葬儀には、各国のセレブリティたちが参列しました。これは、モナコに嫁いで26年でこの世を去ったグレース公妃がどれだけ影響を与えたかを物語っています。

そして彼女の葬儀で参列者に配られたカードには、亡くなる2カ月前に、ABCのインタビューでこたえた、この晩年の言葉が記されていました。

モナコには、グレース公妃ゆかりの場所がいくつもあります。没後30年経ったいまでもグレース公妃は、モナコの人々、そして世界中のファンの心にいつまでも生き続けているのです。

文庫特別書き下ろし

グレースとファッション

GRACE ET DE LA MODE

46

私は他の人たちと
違うとは思いません。
人々が私のファッションについて
とやかく言うのは、
他に新しいニュースが
ないからでしょう。

自分のスタイルを確立する

どのような服でも美しく着こなしていたグレースですが、意外にも、本人はファッションに無頓着だったようです。彼女は、自分がファッションリーダーであるとは意識していませんでした。

けれどグレースは、自分をどのように見せたらベストかを心得ていました。グレースがファッションアイコンとして注目され始めたのは、1955年にアカデミー賞を受賞した頃。数々のメディアがこぞって彼女を取り上げました。ニューヨークでの暮らしや、一流のデザイナーとの仕事で、彼女のファッションセンスは磨かれていきました。そしてそれ以上に、彼女の内面からにじみ出る気品が、彼女のスタイルを引き立てたのです。

長い前髪を後ろに撫でつけるヘア、ナチュラルメークが彼女の定番のスタイルでした。子どもの頃、厳格な母親から受けた「TPOに合わせた着こなしをする」という教育は、後に公妃になっても役立ったことでしょう。「グレース・ケリー・ルック」と呼ばれる、グレースが確立したきっちりとしたエレガントでクラシックなナチュラルビューティーは、多くの女性に注目され、今でも数々のデザイナーにインスピレーションを与え続けています。

47

気に入った洋服だけを買い、
それを何年も着ます。
私は昔からの友達と同じように
古い洋服にも忠実なのです。

無駄遣いはせず、買った物は大切に

グレースがモナコへ嫁ぐために荷造りをしているのを見ていた友人は、彼女があまりにも着古した洋服を詰めているのを見て、ビックリしたようです。「そんな古いものをモナコに持っていっても着る機会がないのでは？」と聞くと、グレースは、「普段着にするから大丈夫よ」と答えたそうです。

グレースは、厳格な母親から倹約の精神を教わったのでしょう。彼女の物持ちが良かったお陰で、没後25年の２００７年、モナコで開催された展覧会、「グレース・ケリー・イヤー」では、数々のグレースの遺品が披露されました。一部押し花やドレスは、前の年にいち早く日本で発表されています。

フィラデルフィアで生まれ、ニューヨークで演技を学び、ハリウッド女優として成功、そしてモナコの公妃となり１９８２年に世を去るまでのグレースの一生、彼女の全てがベールを剝がしました。その中には、グレースが初めて妊娠した時にお腹を隠したと言われる、サック・ア・デペシェ・プール・ダム、のちのケリーバッグや、公式行事でグレースの美をより引き立たせた有名デザイナーによるドレス、そして輝かしいジュエリーの数々が宮殿から集められ、多くの人々がグレースを偲びました。

48

私はセックスをひけらかすような
ファッションや、あからさまなメイク、
着こなしは好きではありません。
多少の創造力を働かせるような
控えめな方を好みます。

色気より気品で勝負

ヒッチコックは、グレースの「エレガントなセクシーさ」に惹かれ、彼女を数々の映画に起用しました。インタビューでヒッチコックは、次のように語っています。「グレースは、出演する映画によって違った姿を見せる。それはメイクや衣装とは関係なく、彼女が演ずるキャラクターになりきるからだ。このような女優はハリウッドには他にいない」

彼は、セクシーさを売りにする女優たちよりもグレースの方がよりセクシーだと評価していました。

グレース自身、自分が控えめなスタイルからセクシーさを醸し出しているということを理解していたかどうかはわかりません。しかし、彼女の育ちの良さが、こうした控えめなスタイルに反映されていたのは事実でしょう。

グレースが女優時代から信頼し、亡くなるまで彼女の写真を撮り続けていたハウエル・コナン氏はこのように語っています。「セックスシンボルとしてのハリウッド女優は当時たくさんいたが、グレースのように気品を備えた美しい女優はまれだ。グレースは、当時アメリカ女性の憧れであり、男性が結婚を望むタイプの女性だった」と。

49

ドレスに対して
ノーと言うことを覚えました。
ドレスが人間としての価値を
与えてくれるわけではないので、
まず人間性を判断してから
そのあとに服装を見る事が
重要だと思います。

外見よりも内面を磨く

１９６９年、40歳を迎えてもなお、彼女はエレガンスと気品と魅力を備え、時代の美を象徴する存在としてオーラを発し続けていました。

40歳の年に受けたインタビューでグレースは、次のように語っています。

「絶世の美女として自分のことを捉えたことはありません。正直なところ、ルックスで自分を判断されることをあまり好ましいと思いません。才能で評価されたいのです。私にとって人間として成長することは、妻として、母親として、公妃として十分な役割を果たすために必要なことです。美しくあることより、それまで以上に品格を備えることの方が重要です」

グレースは、若い頃から決して自分が美しいと思っていませんでしたが、自分の長所や短所をよく知ることにより、より自分のルックスを良く見せることを習得しました。

自分自身でも、「自分の長所や短所をわからずに才能のあるカメラマンに撮影してもらうことはできないわ」と語っています。

グレースとファッション　女優から公妃へ

グレース・ケリー・スタイル

グレースはモデル時代、他人にどう見られるか、きちんとした身なりや正しい服装、自分に合ったヘアスタイルを会得したようです。また、女優となってからは、服装や見た目がどれだけ映画にニュアンスを与えるかを学びました。

グレース・ケリーの女優としてのキャリアに光を当て、セクシャルエレガンスのスタイルを引き出したのは、『ダイヤルMを廻せ！』『裏窓』『泥棒成金』でグレースを主役に起用したヒッチコックです。

グレースは、キャリアの絶頂期に達した1955年、1940年代にアメリカファッション界で活躍したエレノア・ランバートが始めたベスト・ドレス・

リストに選ばれ、WWD（Women's Wear Daily）では、彼女の「典型的なアメリカンスタイルを代表する新鮮で自然体の魅力」が称賛されました。

レニエ公との初めての出会いはカンヌ映画祭開催中のドラマチックな出来事。パリマッチの撮影のためにモナコの宮殿に向かったグレースですが、その日はフランスのストライキでホテルは停電中。ドライヤーやアイロンが使えず、帽子の代わりに小さな花を束ねた髪飾りと、普段の彼女のスタイルとは違った皺にならないシルクタフタの大きな花柄のワンピースに、いつもの白い手袋の出で立ちで出かけて行きました。

その後モナコに嫁ぐことになったグレースは、ニューヨーク、ロサンゼルス、フィラデルフィアで嫁入り衣装を買い揃えますが、その時もメディアの注目の的に。グレースが選んだ衣装のほとんどがアメリカ人デザイナーのものだったので、アメリカンファッションを世界に広めるのに多大な貢献をしたようです。

プリンセスファッション

1956年4月12日にコンスティチューション号でモナコに到着したグレースは、数多くの人々に迎えられました。この時メディアから不評を買ったのは、つば広の帽子。ベン・ザッカーマンによる、トレンドのネイビーカラーのコートに白の手袋、そして白のオーガンジーの帽子姿でタラップを降りました。当時流行りだったマッシュルーム型の帽子の大きなつばのせいで、写真を撮ろうと待ち構えていたカメラマンたちは、彼女の美しい顔を捉えることができなかったのです。翌日の義理の姉との昼食会では、一番小さな帽子を被ったとか。

何と言ってもこの「世紀の結婚」とよばれたイベントで一番注目されたのは、アカデミー賞を受賞経験のあるMGMの専属デザイナー、ヘレン・ローズがデザインしたウェディングドレスでした。ウェディングドレスの歴史で最もエレガントなドレスのひとつと評されています。

モナコに嫁いだグレース、それまでに築き上げたクラシックなアメリカングラマーのスタイルに、ヨーロッパのオートクチュールやハイジュエリーのコレクションで公妃としての威厳が加わりました。

公妃になってから好んだブランドは、女優時代から愛用していたディオールやランバン、バレンシアガ、シャネル、マダム・グレ、ジバンシーといったヨーロッパのオートクチュールブランド。

1960年には、ついにベスト・ドレス・リストの殿堂入りをします。同じ年、女優時代から交流があり、アメリカのファーストレディーとなったジャクリーン・ケネディが初めてリストに登場しました。1961年のアメリカ、ホワイトハウスでの非公式昼食会に集ったグレース公妃とジャクリーン・ケネディの姿はメディアの注目を集めました。その時のグレースは、グリーンのジバンシーのワンピースにボレロジャケット、ジャン・バルテによる白のターバンスタイルの帽子の出で立ちでした。

ハリウッド時代の人脈を利用してモナコをグラマラスな国として盛り上げたグレースは、毎年のようにチャリティーイベントや記念のガラディナーを開催しました。モンテカルロが誕生して100周年を迎えた1966年には、1866年当時のファッションで身を纏い、髪型も巻き髪で700人の特別なゲストを迎えています。

グレース公妃とハイジュエリー

ヨーロッパのハイジュエリーの歴史は、ヨーロッパの王侯貴族の歴史と切っても切れない関係にあります。王侯貴族は彼らの地位や権力の象徴としてジュエリーを身につけ、愛の証としてジュエリーをプレゼントしました。

1847年、ルイ＝フランソワ・カルティエが、パリにメゾンをオープンしたカルティエ。モナコ公室御用達のジュエラーです。グレースは、レニエ公からカルティエの10．47カラット、エメラルドカットのダイヤモンドの婚約指輪を贈られています。このダイヤモンドの指輪は、グレース女優時代最後の映画『上流社会』撮影中、グレースの左薬指に輝いていました。公式行事に身につけたルビーのティアラにもなるブローチや、ダイヤモンドのネックレスもカルティエの作品でした。

クラシックでエレガントなスタイルを好んだグレースは、真珠も好んで身につけていました。1906年、ヴァンドーム広場にオープンしたヴァン クリーフ＆アーペルもグレースが好んだジュエリーブランドです。婚約を記念してレニエ公から贈られた、真珠の3連のネックレスとブレスレット、イヤリング、クリップのセットなどが今でも大切に公室に保管されています。ヴァン クリーフ＆アーペルは、ロイヤルウェディングののち、モナコ公室御用達のジュエラーとなりました。

グレース公妃と日本

グレースが初めて日本の文化と触れたのは、１９３９年、彼女が９歳の時に訪れたニューヨークの万国博覧会でした。

ミキモト（御木本幸吉氏）が出展した、真珠１万２２５０個とダイヤモンド３６６個を使用して作られた「自由の鐘」を見て、その記憶がずっとグレースの頭の中に残っていたようです。

グレース公妃が初めて日本を訪れたのは、１９８１年。

神戸博「ポートピア'81」でした。来日時、ミキモト真珠島を訪れていますが、そこでこの「自由の鐘」と再会しています。

グレースは、１９５４年、朝鮮戦争を舞台とした映画、『トコリの橋』で、ウィリアム・ホールデンが演じるブルーベーカー大尉の妻の役として登場します。

映画のワンシーンで、ブルーベーカー大尉の家族が、箱根で休暇を楽しむシーンがあります。富士屋ホテルの温泉で、日本人ファミリーと遭遇して、日本の入浴習慣の違いに戸惑うシーンがあるのですが、このシーンはハリウッドのセットで撮影されたため、この撮影のためにグレースが日本にやってくることはありませんでした。

このときの思い出が印象的だったのか、初来日したときに自ら日本の温泉に行きたいと希望し、有馬温泉の旅館「中の坊瑞苑」に宿泊しています。

この初来日のときに、グレース公妃が久しぶりに再会したのが、女優時代にニューヨークで同じアパートに住んでいた澤田恵美子さんでした。エリザベスサンダースホームの創設者、澤田美喜さんの長女です。

澤田美喜さんは、もともとジョセフィン・ベーカーの友人。奇遇なことに、美喜さんは、グレースともニューヨークで出会っています。ようするに澤田美喜、恵美子と2代にわたって、グレースは親交を温めていたのでした。

澤田美喜さんは1980年に亡くなっていましたが、1981年に長女の恵美子さんと日本での再会を果たすことができました。

グレース公妃が来日していたときに着ていた着物は、澤田美喜さんからのプレゼントだったということです。

来日中、恵美子さんはグレース公妃と行動を共にしました。

有馬温泉での滞在中も、一緒にお風呂で1時間も語り合ったり、その後も東京で一緒の時間を過ごしていたようです。どんな会話を交わしたのでしょう？残念なことに、恵美子さんもこの世を去っていらっしゃるので、お話を聞くことができません。

1972年からの、神戸新聞事業社による長年にわたる文化使節団モナコ派遣のおかげで、グレース公妃とレニエ公、ステファニー公女の来日が1981年に実現しました。

それまで日本からは、毎年のようにモナコに「花の文化使節団」などといった、50名ほどの親善使節団が訪れ、ガーデンクラブ主催の「国際ブーケコンクール」に日本のいけばなの各流派が参加していたのです。

グレース公妃一行の初来日は文化使節団の派遣の仕掛人であった、当時の神戸新聞事業社社長、ポートピア博覧協会の名誉会長である、光田顕治さんの招請に応じて実現したものです。

地中海の小国モナコ。大国アメリカとはまったく異なる文化を持つ国に嫁ぎ、繊細な心でモナコの人々と向き合ってきました。きっと日本人の細やかな心を理解できる感性を持ち合わせていたのでしょう。この初来日でグレース公妃は、京都で日本庭園を訪れ、その美しさと日本人の繊細な感性に感銘を受けます。

「桂離宮のように、ただ月を眺めるためだけに竹で縁側を作るとは、なんと素敵なセンスでしょう」

桂離宮の庭園に感激したグレース公妃。

「いつかモナコにもこのような庭園を造りたい」

という気持ちがあったようです。

レニエ公は、そういった彼女の遺志を継ぎ、カジノ広場からほど近い地中海に沿った埋め立て地に、日本庭園を造りました。

1994年に完成したこの庭園は、福岡をベースに太宰府の庭など幅広く手がける別府梢風園が手掛けた、本格的な池泉廻遊式庭園です。庭園の一角に建てられたお茶室は、「雅園《がえん》」(Grace Garden) とカロリーヌ公女によって名付けられています。

この日本庭園は今ではモナコの住民、モナコを訪れる観光客の憩いの場です。晴れた日の夜には、美しい月が、庭園の向こうに見える地中海の海を照らし出しています。まるでグレース公妃の京都での思い出が甦るかのように。

あとがき

「慎ましく、思いやりある人間だったと、みんなの記憶の中に残しておいてほしいのです」

これがグレース公妃が亡くなる前、1982年7月、アメリカのABCによる最後のインタビューで遺した言葉です。

かつてはハリウッドの女王と呼ばれ、1982年にモナコの公妃として人生の幕を閉じたグレースの生き方、人柄を集約する言葉だと思います。彼女こそが真のセレブリティーと呼ばれるにふさわしい女性でした。

グレースは、女性の憧れの的ですが、決してずっと幸せな人生を送っていたわけではありません。人知れず努力を積み重ね、逆境を次々と乗り越えて成功をつかみ取ってきました。

そこには彼女の裕福な家庭環境や、母親からの厳しい教育、持って生まれた美しさや強運も不可欠だったに違いありません。

しかし彼女はそれ以上の資質を持ち合わせていました。それは自分の成功だけを考えるのでなく、周りの人も気遣う優しい心です。

彼女のファッションセンスやエレガンスは、いまだに多くの日本人だけでなく世界中の女性を魅了してやみません。この本を通じ、グレースの知られざる生き方を少しでも多くの人たちに知ってもらい、それがみなさんの生きていく指針となったのなら嬉しく思います。

モナコには、グレースが亡くなって35年経った今でも彼女の足跡をたどる事のできる場所がいくつもあります。モナコがいつまでも美しい「リビエラの真珠」であり続けるのも、グレースがモナコに遺した数々の目に見えない遺産の賜物であり、それを受け継いでいる3人の子どもたちのお陰なのです。

この本の出版を快く許可くださったグレース公妃の長男であるモナコの元首

アルベール公は、2011年7月1日、グレース公妃を彷彿させるブロンドへアで長身の美しい南アフリカ代表の元オリンピック水泳選手、シャルレーヌ・ウィットストックと結婚しました。2014年12月10日には、二人の間にガブリエラとジャックの双子の子どもが誕生しました。今ではシャルレーヌ公妃がモナコ公妃としてアルベール公とともに公式な場や国際的なイベントに出席し、エレガントなファッションやスタイルでモナコの良きアンバサダーとして活躍しています。

これからも、慎ましく思いやりのある公妃であったグレースのことを偲びながら、美しいモナコの国を訪れる人たちが少しでも増えていくことを祈っております。

2017年1月

岡部昭子

モナコでのグレース公妃の軌跡

❶グレース公妃のバラ園
グレース公妃が愛したバラ。レニエ公が亡きグレースを偲び1984年につくられ、以来モナコの人たちの憩いの場となっている。

❷アルム広場
グレース公妃が買い物をした朝市。

❸大公宮殿と広場
1956年4月18日、玉座の間でグレースとレニエ公は法律上の結婚式を挙げた。翌日の午後には、大聖堂での挙式のあとのパーティが、宮殿の中庭にて開催された。

❹モナコ大聖堂
1956年4月19日、600名のゲストを迎え、グレースとレニエ公の宗教上の結婚式が開催された。葬儀も行われている。大聖堂内のグレース公妃の墓には、今でも彼女に捧げられる花が絶えない。

❺ヘルキュール港
グレースは、外洋船コンスティチューション号でニューヨークを旅立ち、モナコに着いた。港では、レニエ公のデオ・ジュヴァンテII号がグレースを迎えた。

❻サント・デヴォウト教会
モナコの守護聖人、サント・デヴォウトを祭った教会。グレースは大聖堂での結婚式の後、サント・デヴォウトへ向かいブーケを捧げた。

❼グレース公妃ダンスアカデミー
グレース公妃は、モンテカルロ・クラシック・ダンス・スクールのバレエの先生、マリカ・ベゾブラゾヴァのためにヴィラを見つけ、1975年、そこをグレース公妃ダンスアカデミーとした。

❽グレース公妃劇場
古い劇場を改装し、1981年グレース公妃監修のもと誕生。公妃は、音響から楽屋のデザインまで指示をする。

❾カジノ広場

カジノ広場に建つオテル・ド・パリ、オテル・エルミタージュでは、グレース公妃主催の華やかなパーティが開催され、世界中のセレブリティが集った。

❿フェアモント・モンテカルロ

グレースがモナコに嫁いだことにより、アメリカからの資本がモナコに入ってきた。1975年8月、ロウズ・モンテカルロがグレース公妃のテープカットによりオープン。今のフェアモント・モンテカルロ。

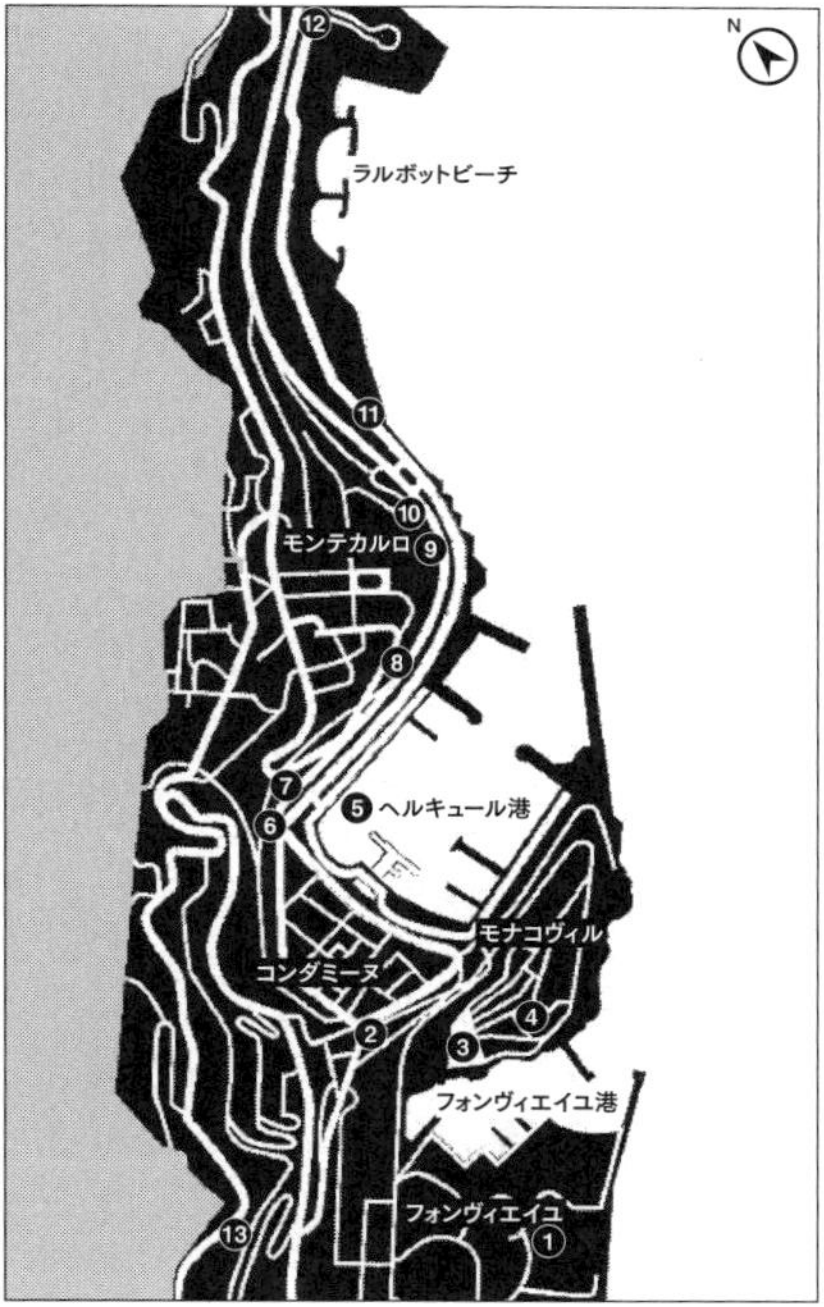

⓫日本庭園

グレース公妃の「モナコに日本庭園を」という遺志を継ぎ、レニエ公は日本庭園を造った。1994年に完成。茶室はグレース公妃の名をとって、「雅園」と名付けられた。

⓬スポルティング・モンテカルロ

1974年6月にオープンした。夏の時期にオープンするエンターテイメント施設。この年、ジョセフィン・ベーカーが赤十字のガラディナーにゲストとして出演。1000人収容のステージだけでなく、レストラン、カジノ、ディスコも併設。

⓭グレース公妃病院

1958年に完成したモナコ初の総合病院。

グレース・ケリーの一生

1929年	11月12日　フィラデルフィアに生まれる。
1941年	初めてアマチュア劇団のステージに立つ。
1944年	スティーブンス・スクールに入学。
1947年	9月　ニューヨークのアメリカン・アカデミー・オブ・ドラマティック・アーツに入学。バルビゾン・ホテルに暮らす。
1949年	11月16日　『父』でブロードウェイにデビュー。
1950年	数々のテレビドラマに出演（～53年）。
1951年	『十四時間』（20世紀フォックス）に出演。ジョセフィン・ベーカーとニューヨークの「ストーククラブ」で出会う。
1952年	『真昼の決闘』（スタンリー・クレイマー・プロダクション）でゲイリー・クーパーと共演。
1953年	『モガンボ』（MGM）でクラーク・ゲーブルと共演。
1954年	『ダイヤルMを廻せ！』（ワーナー・ブラザーズ）、『裏窓』（パラマウント）、『喝采』（パラマウント）、『緑の火・エメラルド』（MGM）、『トコリの橋』（パラマウント）で主役を演じる。
1955年	タイム誌（1月31日号）の表紙を飾る。 『泥棒成金』（パラマウント）で主役を演じる。 『喝采』でアカデミー賞を獲得。 5月6日　カンヌ映画祭に出席しモナコを訪れ、レニエ公と出会う。 12月　レニエ公、アメリカへと旅立つ。
1956年	『白鳥』（MGM）、『上流社会』（MGM）で主役を演ずる。

	1月5日　グレース　レニエ公との婚約を発表。 4月4日　グレース　モナコでの結婚に向けコンスティチューション号でニューヨークを出航。 4月12日　モナコに到着。 4月18日　宮殿内「玉座の間」にて法律上の儀式を執り行う。 4月19日　大聖堂で宗教上の儀式を執り行う。 10月11日　アイゼンハワー大統領との会談のためホワイトハウスを訪れる。
1957年	1月23日　カロリーヌ公女誕生。 4月　ローマ教皇ピウス12世公式訪問のためバチカン市国へ。
1958年	3月14日　アルベール公子誕生。 5月　モナコ赤十字の代表に就任。 グレース公妃病院設立。
1959年	6月　ローマ教皇ヨハネ23世への公式訪問。 8月　大公宮殿でのコンサートをスタート。 10月　フランスへ公式訪問。 11月　イタリアへ公式訪問。
1960年	6月　グレースの父、ジャック・ケリー死去。 8月　マリア・カラスと地中海クルーズのバカンスへ。 10月23日　フランス　ド・ゴール大統領モナコへ公式訪問。 11月　スイスへ公式訪問。
1961年	5月24日　ケネディ大統領にホワイトハウスでのランチに招待される。 6月　アイルランドを公式訪問。 7月　フランス、ルルドへ巡礼の旅。
1962年	ヒッチコックから『マーニー』主演のオファーを受けるが、キャンセル。
1963年	5月18日　フランスとモナコとの間で新たな税制に関する同意が結ばれる。 6月　グレース　AMADEの総裁に就任。

1964年	11月10日　レニエ公の父親、ピエール公死去。 グレース公妃基金創設。
1965年	2月1日　ステファニー公女誕生。 4月27日　ド・ゴール大統領によりエリゼ宮に招かれる。
1966年	モンテカルロ100周年を祝う。
1967年	カナダへ公式訪問。
1968年	カジノのリニューアルオープニングのグランドボール開催。 10月　モナコ・ガーデンクラブ創設。
1969年	フランスで破産したジョセフィン・ベーカーと子どもたちにモナコ近くのヴィラに住む手助けを。 8月　赤十字のガラディナーのゲストにジョセフィン・ベーカーを起用。 10月29日　フィラデルフィアのYWCAの100周年記念のイベントで議長を務め、フェミニズムについての討論に参加。

	11月12日　40歳の誕生日を祝い、「スコーピオ・ボール」を開催。 11月26日　日本から贈られた桜の木をラルボット地区の庭園に植樹。
1970年	1月13日　エリゼ宮でポンピドー大統領との会談。 国際アート・フェスティバルを開始。 11月16日　マウントバッテン卿とロンドンのフェスティバル・ホールでイベントを開催。
1971年	6月　ロサンゼルスでフランク・シナトラのフェアウェルコンサートに出席。 10月　ペルシア帝国の都ペルセポリス2500年記念祝賀会に出席。 7月16日　シカゴで開催されたラ・レーチェ・リーグ（母乳育児支援の会）のイベントでスピーチを。
1972年	5月　モナコ・ナショナル・ミュージアムの設立。 日本から「ヨーロッパ花の使節団」がモナコを訪れる（〜1989年まで続く）。

1973年	12月　テレ・モンテカルロ初のカラーテレビ放送開始。
1974年	レニエ3世の即位25周年を祝う。 4月29日　ニューヨーク・リンカーン・センターでのヒッチコックへのオマージュのイベントに参加。 6月　スポルティング・モンテカルロ完成。 8月　赤十字のガラディナーのゲストにジョセフィン・ベーカーを起用。
1975年	4月　ジョセフィン・ベーカーの最後のショー、パリの「ジョセフィン・ア・ボビノ1975」をジャクリーン・オナシスと一緒にスポンサー。 4月12日　ジョセフィン・ベーカー　ステージの途中で倒れ、息を引き取る。グレースは、4月15日、ジョセフィンの棺をモナコの墓地に葬る。 グレース公妃ダンスアカデミー設立（元モンテカルロ・クラシック・ダンス・スクール）。
1976年	20世紀フォックスのボードメンバーに選ばれる。 9月6日　エディンバラフェスティバルで初の詩の朗読をする。 11月　国民の日に、グレースの希望で森下洋子、清水哲太郎が『漁夫とその魂』を踊り、その衣装は森英恵がデザイン。
1977年	イギリスにて詩の朗読のイベントに参加。 6月　パリで押し花の展覧会を開催。 ドキュメンタリー映画『ザ・チルドレン・オブ・シアター・ストリート』のナレーションを務める。
1978年	3月　アメリカで詩の朗読のリサイタルツアーを開催。 6月29日　カロリーヌ公女　フィリップ・ジュノーと結婚。
1979年	国際ブーケコンクールのショートフィルムを製作。 11月12日　ロンドンのセント・ジェームス宮殿にてエリザベス女王の母親（クイーンマザー）のために詩のガライベントを開催。

1980年	6月　パリで2回目の押し花の展覧会を開催。 『花の本』をアメリカで出版。
1981年	3月　ロンドン、ゴールドスミスホールの詩の朗読会で、チャールズ皇太子と婚約したばかりのダイアナと出会う。 4月　結婚25周年を祝う。 4月　神戸博「ポートピア'81」出席のため初来日を果たす。 グレース公妃劇場完成。
1982年	2月14日　ニューヨークで開催されたアクターズ基金主催のチャリティイベント「ザ・ナイト・オブ・ハンドレッド・スターズ」に出席。 9月13日　交通事故に遭う。 9月14日　52歳の人生の幕を閉じる。 9月18日　大聖堂でグレースの葬儀が執り行われる。
1984年	グレース公妃のバラ園が完成。
1994年	日本庭園が完成。

2006年	日本で初の「花を愛したモナコ公妃　グレース・ケリー展」が開催される。
2016年	日本・モナコ友好10周年記念「グレース・ケリー展——モナコ公妃が魅せる永遠のエレガンス——」が東京でスタートする。

参考文献

書籍：

「愛しのグレース」　ロバート・トレーシー著　大橋雅子訳／近代文藝社

マリア・カラス　―あまりに誇り高く、あまりに傷つきやすく―　アルフォンソ・シニョリーニ著　伊藤律子訳　朝岡久美子翻訳監修／インプレザリオ

孤児たちの城―ジョセフィン・ベーカーと囚われた13人　高山文彦著／新潮社

澤田美喜　黒い肌と白い心　―サンダース・ホームへの道　澤田美喜著／日本図書センター

モナコ公国　グレース公妃の「花の本」　モナコ・グレース公妃・グエン・ロビンス共著　木幡和枝／日本ヴォーグ社

Annales Monegasques Revue d'Histoire de Monaco Numero 26 2002/Publication des Archives du Palais Princier

The Grace Kelly years, Princess Grace of Monaco/Grimaldi Forum Monaco

Grace Princess of Monaco A Tribute to the Life and Legacy of Grace Kelly/Consulate General de Monaco

Grace Kelly Style by H.Kristina Haugland/V&A Publishing

High Society THE LIFE OF GRACE KELLY by Donald Spoto/Three Rivers Press

A Touch of Grace How to be a Princess, the Grace Kelly Way by Cindy De La Hoz/Running Press

Once Upon a Time, Behind the Fairy Tale of Princess Grace and Prince Rainier by J. Randy Taraborrelli/Warner Books

The Bridesmaids GRACE KELLY PRINCESS OF MONACO & SIX INTIMATE FRIENDS by Judith Balaban Quine, Weidenfeld & Nicolson

HITHCHCOCK by Francois Truffaut with the Collaboration of Helen G. Scott/SIMON AND SCHUSTER

Grace Kelly – A Life in Pictures / Forwarded by Tommy Hilfiger/Pavilion
Le Jardin Japonais de Monaco by Maria Teresa Lopez Gomez, Raul Domingo Diez/E.P Editions
Grace Kelly Style/V&A Publishing

インタビュー／記事：
Princess Grace of Monaco Oral History Interview June 19, 1965
By Paul Gallico in Monaco
PLAYBOY INTERVIEW: PRINCESS GRACE, Playboy Jan. 1966
Her Serene Highness Princess of Monaco by Curtis Bill Pepper, Vogue 1971
クロワッサンPremium　没後25周年　モナコ特別取材　伝説に彩られた永遠のプリンセス　グレース・ケリーの真実　マガジンハウス
CINEMA: The Girl in White Gloves, TIME, Jan. 31, 1955
PENNSYLVANIA: The Philadelphia Princess, TIME, Jan. 16, 1956
THE PRESS: The Prince & the Papers, TIME Jan. 23, 1956
AMERICA: Love for Three Dimples, TIME, APR 16, 1956
MONACO: Moon Over Monte-Carlo, TIME, APR 30, 1956
THE PRINCESS FROM HOLLYWOOD, TIME, Sept. 27, 1982
Princess on a Conquest of Paris, LIFE, Oct. 26, 1959
Ultimate Grace: Remembering GRACE KELLY, A Great American Actress and a real-life princess, on the twenty-fifth anniversary of her death by Pamela Fiori, Town & Country Nov. 2007
Grace Kelly – How a Philadelphia Dreamer Became a Princess and Why Her Classic Style Still Inspires, VANITY FAIR, May 2010
The last interview with Grace Kelly on ABC by Pierre Sallinger, June 22, 1982
ＮＨＫハイビジョン特集「アルベール大公が誘う　地中海の宝石　モナコ」２００６年10月18日

章扉写真

第1章　生い立ち・女優 ～意志を貫く強さ～
dpa/ 時事通信フォト

第2章　恋愛・結婚 ～運命を受け入れる柔軟性～
ⓒ Everett Collection/amanaimages

第3章　母・公妃 ～忍耐から学んだ喜び～
AFP＝時事

第4章　愛・美 ～人生から見出した慈しみ～
ⓒ SNAP Photo/amanaimages

文庫特別書き下ろし　グレースとファッション
ⓒ SNAP Photo/amanaimages

本文デザイン　榎本太郎（7X_NANABAI. inc）

著者紹介
岡部昭子（おかべ　あきこ）
静岡県生まれ。東京女子大学短期大学部英語学科卒業。２年間をロサンゼルスに暮らす。
1997年からPRエージェンシー、株式会社ハウにてモナコ政府観光会議局のアカウントを担当。マーケティング＆セールスディレクターとして、モナコのPRとMICEを中心としたセールスプロモーション活動を手がける。
2009年よりPRエージェンシー、株式会社フレアを設立。モナコとの仕事の経験を生かし、旅、ファッション、ライフスタイルを中心としたラグジュアリーブランドのPRやセールスプロモーションを始める。
主な著書に、『心を磨くグレース・ケリーの言葉』（マガジンハウス）がある。

本書は、2011年9月にマガジンハウスより刊行された『心を磨くグレース・ケリーの言葉』を改題し、加筆・修正したものである。

PHP文庫　グレース・ケリーの言葉
その内なる美しさ

2017年2月15日　第1版第1刷

著　者　岡部昭子
発行者　岡　修平
発行所　株式会社ＰＨＰ研究所
東京本部　〒135-8137　江東区豊洲5-6-52
文庫出版部　☎03-3520-9617(編集)
普及一部　☎03-3520-9630(販売)
京都本部　〒601-8411　京都市南区西九条北ノ内町11
PHP INTERFACE　http://www.php.co.jp/
組　版　有限会社エヴリ・シンク
印刷所
製本所　共同印刷株式会社

ISBN978-4-569-76694-2

PHP文庫好評既刊

ココ・シャネル　女を磨く言葉

髙野てるみ　著

媚びない、おもねらない、妥協しない――。女性の自由を勝ち取った稀代のデザイナーココ・シャネルから、あなたへ贈る60のメッセージ。

定価　本体五三三円（税別）

PHP文庫好評既刊

フランス人の部屋にはゴミ箱がない

おしゃれで無駄のない暮らし

MIKA POSA 著

少ないモノで、優雅に暮らすパリジェンヌたち。各家庭の日常に密着し、カラー写真満載でレポートするフランス流シンプル生活の知恵。

定価 本体七二〇円（税別）